“

세상에서 가장 기쁜소식을 전합니다.
기쁜소식을 듣고 복된 삶을
누리시기를 소망합니다.

”

- 추천의 글 -

“여호와는 나의 목자시니 내게 부족함이 없으리로다.” 이 얼마나 깊고 아름다운 믿음의 고백입니까?

“주는 그리스도시요 살아 계신 하나님의 아들이시니이다.” 제자의 순수한 고백이 오늘 우리에게도 감동을 줍니다.

“밭에 감추어진 보화를 발견한 농부는 가진 모든 것을 기꺼이 팔아 그 밭을 샀다” 이 비유처럼 주님을 만난 기쁨과 감격은 말로 다 표현할 수 없습니다.

“하나님의 말씀보다 사람의 말을 듣는 것이 옳은가, 스스로 판단하라. 우리는 보고 들은 것을 말하지 아니할 수 없다.” 이 결연한 신앙의 고백은 지금도 우리 가슴을 뜨겁게 합니다.

진연희 성도의 글은 마치 깊은 땅속에서 어둠을 뚫고 햇살을 향해 힘차게 솟아오르는 어린 나무와도 같습니다. 그 연약한 새싹이 어느새 푸르른 나무로 자라나고, 싱그럽게 맺히는 열매들처럼, 그의 삶은 점점 성숙해 가고 있습니다. 마치 요셉이 받은 축복처럼 샘 곁의 무성한 가지가 담을 넘어 퍼져 나가듯, 그의 믿음 또한 담을 넘어 세상으로 뻗어가고 있습니다.

이 간증은 단순한 글이 아니라, 역경 속에서 만난 예수 그리스도에 대한 생생한 고백입니다. 사마리아 여인이 외쳤던 것처럼, “내가 행한 모든 일을 내게 말한 사람을 와서 보라. 이는 그리스도가 아니냐?”라는 간절한 외침이자, 보화를 발견한 농부의 환희와 같은 감격의 나눔입니다.

그는 이 보화를 자기만의 기쁨으로 간직하지 않고, 열방을 향해 산을 넘는 전도자의 발걸음으로 살아내며 그의 삶의 이야기에는 복음을 만난 감격과 그것을 함께 나누려는 사랑의 메시지가 고스란히 담겨 있습니다.

_ 혜성교회 박광옥 원로목사

삶의 길 위에서 우리는 때로 예상치 못한 환난과 아픔을 만나고, 때로는 설명할 수 없는 기쁨과 감사의 순간을 맞이합니다. 그러나 그 모든 순간 속에서 변함없이 우리를 이끄시고, 가장 선한 길로 인도하시는 분이 계십니다. 바로 우리 주 예수 그리스도이십니다. 이번에 출간된 진연희 집사님의 간증집은 바로 그 살아계신 주님의 손길을 고스란히 담아낸 귀한 믿음의 기록입니다.

책을 읽어 내려가다 보면 집사님의 삶은 결코 순탄한 길만은 아니었음을 알게 됩니다. 질병과 어려움, 관계의 아픔과 경제적 고난까지, 사람이라면 누구나 두려워할 순간들을 지나오셨습니다. 그러나 그 모든 길목마다, 하나님은 집사님의 손을 결코 놓지 않으셨고, 오히려 그 과정을 통해 믿음을 연단하고, 주님의 은혜를 더욱 깊이 깨닫게 하셨습니다. 집사님은 이 모든 이야기를 솔직하고 담백하게 기록하며, 그 속에서 드러난 하나님의 신실하심을 간증하고 있습니다.

특히 집사님이 고백하신 "하나님의 숨결이 나를 살리셨다"는 말씀이 깊이 마음에 남습니다. 그것은 단지 시적인 표현이 아니라, 실제의 경험이며, 고난 속에서 하나님을 더 깊이 만난 자만이 고백할 수 있는 믿음의 언어입니다. 이 간증집은 독자들에게 단순한 감동을 넘어, 다시금 하나님께로 마음을 향하게 하고, 잃었던 기도의 불씨를 되살리며, 은혜에 대한 갈망을 불러일으킬 것입니다.

담임목회자로서 집사님의 신앙 여정을 곁에서 지켜보며 하나님께 많은 감사를 드립니다. 한 영혼이 주님의 손에 붙들려 이렇게 아름다운 믿음의 이야기를 써 내려갈 수 있다는 것은, 교회의 가장 큰 기쁨이자 목회의 보람이기 때문입니다. 이 책을 통해 더 많은 이들이 하나님의 살아계심을 체험하고, 그분의 품으로 돌아오는 역사가 일어나기를 간절히 기도합니다.

이 간증집이 여러분의 가정과 신앙생활에 새로운 은혜의 문을 열어주기를 바라며, 믿음의 여정을 걷는 모든 분께 기쁨과 확신을 가지고 이 책을 추천합니다.

_ 혜성교회 정명호 담임목사

내 사랑 진연희에게

당신의 기도가 작은 씨앗이 되고, 눈물이 영양분이 되어 마침내 이 책이 세상의 빛을 보게 되었습니다. 이 특별한 순간을 함께 나눌 수 있음에 진심으로 감사드립니다.

고요한 밤, 희미한 불빛 아래 무릎을 꿇고 기도하며 조용히 글을 적어 내려가던 당신의 모습이 아직도 선명하게 떠오릅니다. 한 줄을 쓰고 조용히 흘린 눈물을 닦은 뒤, 다시 기도하며 이어가던 그 시간의 의미를 깊이 이해하고 있습니다.

우리의 인생길이 언제나 평탄했던 것은 아니었습니다.

때로는 깊은 시련 속에서 "하나님, 왜 이런 고통을 주십니까?"라고 눈물 섞인 목소리로 기도하던 날도 있었습니다. 그럼에도 당신은 늘 다시 무릎을 꿇고, 고난 중에도 감사의 마음을 놓지 않았습니다. 그 흔들림 없는 믿음이 우리 가정의 든든한 버팀목이 되었고, 삶 속에 큰 희망과 힘이 되어 주었습니다.

이 책은 단순한 기록이 아닙니다.

하나님께서 당신과 함께 걸어오신 귀한 여정의 증거이며, 그분의 사랑이 어떻게 상처를 치유하고 생명을 회복시키는지를 보여주는 살아 있는 간증입니다. 당신의 글이 누군가에게 작은 희망의 불씨가 되어, 다시 일어설 수 있는 용기와 믿음을 전해주기를 간절히 기도합니다.

이제 이 책이 누군가의 손에 닿아, 그들의 마음에 따스한 위로의 빛을 비추기를 소망합니다. 만약 이 글을 읽고 다시 기도하고 싶은 마음이 생긴다면 그것은 하나님께서 당신을 통해 역사하고 계신 분명한 증거일 것입니다.

우리의 삶이 오직 주님의 은혜 위에 세워졌음을,
당신과 함께 살아오며 매일 깨닫습니다.
그 귀한 길을 함께 걸어준 사람, 바로 당신입니다.

사랑합니다. 그리고 진심으로 감사드립니다.

늘 당신 편에 서 있는 남편 이선희

하나님의 숨결로 쓰여진 편지

하나님의 숨결로 쓰여진 편지

초판 1쇄 발행 2025년 12월 15일

지은이 | 진연희
펴낸이 | 김한수
출판국장 | 박민선

펴낸곳 | 한국NCD미디어
등 록 | 과천 제2016-000009호
주 소 | 경기도 과천시 문원청계2길50 로고스센터 206호
전 화 | 02-3012-0520
이메일 | ncdkorea@hanmail.net
홈주소 | www.ncdkorea.net

ISBN 979-11-91609-34-9 03230

값 15,000원

하나님의 숨결로 쓰여진 편지

A Letter Written by the Breath of God

지은이
진연희

한국NCD미디어

목 차

글을 시작하며

아픈 씨앗이 생명의 씨앗으로

2023년 2월 주일예배, 성령의 역사와 함께 하나님의 증인으로 부르심을 받은 우리의 사명에 대한 선교사님의 특별설교가 있었다. 예배가 끝날 무렵 '성도 모두가 복음으로 하나 되어 예수님의 증인이 되게 하소서!'라고 고백하는데 놀랍게도 하나님은 나에게 신앙 간증문을 쓰라고 하셨다. 글을 써본 경험도 없고, 교회 온 지 얼마 안 된 성도가 간증의 글을 쓰는 것이 부담되었다. 무엇보다도 하나님께서 내게 일하심을 고백하려면 우리 가족의 이야기를 빼놓을 수 없는데 그러한 이야기들이 공개되면 가족들이 불편해 할 수도 있을 거라는 염려였다. 그래서 나는 투정 부리는 어린애처럼 하나님께 자신이 없다고 고백하며 계속 망설이고 있었다.

하나님께서는 이런 나의 연약한 모습을 아시고 글은 지식이 아니라 하나님께서 주시는 지혜로 쓰는 것이니 믿음의 눈으로 믿음의 글을 쓰라는 마음을 주셨다. 기도와 찬양 가운데 나를 포기하지 않으신 하나님이 함께한 이야기, 신앙생활 하면서 느꼈던 것들 그리고 하나님을 만나고 변화된 삶에 관해서 편안하게 쓰라고 용기를 계속 주셨다.

나는 신학적, 학문적 지식도 없다. 글을 쓰기에도 한없이 부족한 사람이다. 혹시 이 책을 읽고 불편함을 느끼더라도 너그럽게 이해를 부탁하는 마음이다. 신앙 간증을 쓰게 된 목적은, 그동안 하나님을 강하게 거부하며 살았던 내가 폭풍 가운데 하나님을 만나면서 나를 구원하신 하나님의 은혜와 크신 사랑을 경험했기 때문이다. 부족하고 불완전하게 살아왔던 내 모습을 있는 그대로 받아주시며, 한 사람 한 사람에게 하나님의 계획이 있고, 모든 이에게 풍성한 삶을 주시기를 원한다는 그 분의 뜻을 알게 되면서 그 은혜에 조금이라도 보답하고 싶어 생명의 복음을 전하기 시작했다. 복음을 전하면서 하나님이 나를 통해 다양한 전도 방법과 말씀까지 마음에 채워 주시고, 삶의 이야기를 자연스럽게 토하게 하시기도 하고, 때로는 역동적으로 이끌어 가시는 하나님의 일하심을 그동안 혼자 품고 있는 것이 아쉬웠다. 그래서 이 책이 성도들에게는 전도의 마음을 품게 하고, 믿지 않은 분에게는 살아 계신 하나님을 만날 수 있는 좋은 약재가 되기를 바라면서 쓰게 되었다. 그러나 막상 글을 쓰려고 책상 앞에 앉으니 어떻게 글을 구성해야 할지 막막했다. 그래서 전반부는 하나님이 내 삶과 역사의 참주인임을 깨닫게 된 이야기와 전도 이야기를 쓰고, 후반부는 신앙고백과 하나님이 주신 지혜로 쓴 창작 동화를 부록으로 첨부하였다.

복음을 전할 때는 상대방의 이야기를 들으려고 한다. 그분들의 삶의 이야기들이 나에게는 좋은 자양분이 되어 내 믿음의 뿌리가 견고하게 자라고 감사를 알게 해 주며, 내 안에 계시는 예수님의 심장이 뛰는 곳이 전도 현장이기 때문이다. 마음 아픈 사연을 들으면 울면서 돌아올 때도 있다. 그래서 전도는 하나님의 일하심을 보는 맛, 그분들의 삶의 이야기를 듣는 맛, 음식을 나누며 먹는 맛이 어우러져 보고 듣고 맛보는 곳이다. 무엇보다 예수님을 영접한 그들이 조금씩 하나님께 스며드는 역사가 일어난다. 이 맛을 경험하니 어느 순간부터 드라마 다음 회차가 궁금하듯 하나님이 행하실 다음 회차가 기다려진다. 한 영혼이 변화되어 영접하는 날은 너무 기뻐서 '우리 하나님 오늘 춤추시겠네.'라고 나도 모르게 외치게 된다.

전도는 그들에게 구원의 길이고, 나를 성숙하게 만들며, 하나님 나라의 최고 상급임을 고백한다. 폭풍 가운데 만난 하나님. '네가 물 가운데로 지날 때 내가 너와 함께할 것이라 강을 건널 때에 물이 너를 침몰하지 못할 것이며 네가 불 가운데로 지날 때 타지도 아니할 것이요 불꽃이 너를 사르지도 못하리니'(사 43:2)라고 약속하신 말씀처럼 하나님은 항상 나와 함께 하시고 연단을 통해 저를 단련시키셨다.

끝으로, 30여 년을 변함없이 우리 가정을 위해 기도해 주시고 신앙과 삶에 본이 되며 나를 복음 전도자로 세워주신 혜성교회의 서 권사님과 고난 중에 나를 위해 기도해 준 사랑하는 가족, 혜성교회 모든 성도님과 목사님께 감사를 전한다. 그리고 모든 상황을 계획하시고 부족한 나를 하나님의 영광스러운 손과 발로 사용해 주시며 은혜를 넘치게 부어주신 하나님께 모든 영광 올려 드린다.

2025년 여름

진연희

1장

나의 이야기

버선 집 막내딸

오랫동안 신앙 없이 살던 나는 고난을 통해 하나님을 만났다. 하나님은 삶과 역사의 주관자뿐 아니라 모든 사람에게 당신의 계획을 보이시며 사명을 주시는 분이셨다.

나는 1남 4녀 중 막내로 태어났다. 아버지는 선천적인 소아마비로 걷기는 힘드셨지만, 손으로 하는 일은 무엇이든 잘하셨다. 특히 양복 기술이 뛰어나셨다. 어머니 역시 한복과 양장 기술이 있어 우리 가내 수공업은 늘 바쁘게 돌아갔다. 어머니는 새벽까지 작업장에서 버선을 만들고 비닐봉지에 넣은 후 곧바로 시장으로 향하셨다.

우리 집은 드르륵드르륵 재봉틀 소리와 함께 늘 원단 냄새로 가득했다. 새벽부터 밤늦게까지 일만 하던 부모님의 일상에는 삶의 고단함이 고스란히 묻어 있었다. 가장의 역할까지 감당해야 했던 어머니에게 삶은 '생활'이 아니라 '생존'이었다. 언젠가 어머니에게 꿈이 무엇이었냐고 물어 본 적이 있다. 어머니는 굶지 않고 사는 것도 중요했지만, 남편 손잡고 나들이 한번 가보는 것이 가장 하고 싶은 일이었다고 말씀하셨다.

어머니는 아들이 일곱 살에 단명할 거라는 꿈을 꾸신 후, 외아들을 지키기 위해 평생 절과 무속을 오가며 기도하셨다. 무당이 우리 집에 들어와 굿을 했고, 집 안 곳곳에는 부적과 우상의 물건들이 놓여 있었다. 그런 모습 속에서 자라서인지 그 풍경은 내게 낯설지 않았다.

아버지는 말씀이 없으셨지만, 고생하는 어머니에게 늘 미안한 마음을 품고 사셨던 것 같다. 두 팔이 온전했을 때는 앉아서 할 수 있는 일은 다 해내셨지만, 어느 날 중풍으로 한쪽 팔마저 쓰지 못하게 되면서부터는 더 이상 아무것도 할 수 없었다. 아버지는 점점 더 작아지셨다. 자식들의 결혼식, 형제들의 장례에도 참석하지 않고 비관 속에서 많은 시간을 보내셨는데 그 마음이야 오죽했을까 싶다. 아버지를 생각하면 지금도 가슴이 아려온다.

아버지는 예수님을 영접하지 못한 채 세상을 떠나셨다. 당시에는 그 사실이 얼마나 큰 슬픔인지 몰랐는 데, 하나님을 알고 난 후 구원의 소중함을 깨닫고 통곡했다. 그래서 어머니의 구원은 내게 더욱 절실한 과제가 되었다. 부모님이 일찍 하나님을 만나셨더라면 자신이 얼마나 귀한 존재인지 깨닫고, 세상을 원망하거나 비관하지 않고 하나님을 붙들며 소망 가운데 사셨을 텐데…. 부모님의 구원받지 못한 삶을 생각할 때마다 내 가슴 한가운데는 못이 박힌 듯한 아픔이 밀려온다.

그래서일까? 길을 가다가도 장애가 있는 분을 보면 나도 모르게 자

꾸 시선이 간다. 세상의 차가운 시선, 가족들이 평생 감당해야 할 짐. 그런 무게 속에서 살고 있는 그들이 예수님을 만나 생명의 물을 마셨으면 좋겠다고 마음 깊이 바란다.

여느 동네도 마찬가지겠지만 우리 동네에 장애인 시설이 들어온다는 말이 나오자, 혐오 시설이라 하여 주민들의 반대가 있었다. 뉴스에서도 장애 학교를 혐오시설처럼 여기며 반대하는 시위를 종종 보게 된다. 언젠가 텔레비전에서 내 아이가 장애를 가졌다는 이유만으로 장애 학교 설립을 반대하는 주민 앞에서 부모가 무릎을 꿇고 호소하는 모습을 보고 나는 눈물을 삼켰다.

장애의 기준은 무엇일까? 단지 보이는 육체의 불편함만이 장애일까? 어쩌면 보이지 않는 '마음의 장애'가 더 큰 건 아닐까? 누구나 늙고 병이 들거나, 사고로 인해 육체의 장애를 경험할 수 있다. 오늘 내가 반대했던 시설이, 내일은 내 가족의 쉼터가 될 수도 있다.

"수고하고 무거운 짐 진 자들아 다 내게로 오라
내가 너희를 쉬게 하리라"
- 마태복음 11장 28절

얼마 전 지역 커뮤니티에서 열린 장애인 작품 전시회를 찾았다. 사회적 인식 개선과 일자리를 위한 발달장애인 중심의 전시회였다. 동화책과 그림 그리고 그림 설명이 함께 전시되어 있었다.

그중 한 작품 앞에 내 시선이 머물렀다. 20대 청년, 그러나 마음은 일곱 살에 머물러 있는 발달장애인이 그린 그림이었다. 그는 초등학교 시절부터 괴롭힘을 당했지만, 자신의 상황을 설명하지 못한 채 가족 안에서도 외로움을 느끼며 오랜 시간 미움과 증오, 슬픔에 갇혀 악한 캐릭터를 통해 복수하는 만화를 그렸다고 한다. 그러다 예수님을 만나면서 복수와 분노는 죽음과도 같은 길이라는 사실을 깨닫고, 이후 선한 친구들이 그의 곁에 생기기 시작했고, 어둠의 상처들이 치유되었다. 지금은 그 복수의 그림을 후회하며, 선한 이야기를 담은 그림을 그리고 있다고 적혀 있었다. 그 청년이 직접 만든 캐릭터가 담긴 핸드폰 그립톡을 선물 받고 마음에 진한 감동과 함께 감사한 마음이 들었다.

또 다른 그림이 있었다. 역시 발달장애가 있는 청년이 십자가에 달리신 예수님과 그 곁을 지키는 사람들을 그린 작품이었다. 자신의 고통을 예수님의 십자가에 투영한 듯한 그림이었다. 그림 속에는 세상의 외면 속에서 그들의 외로움이 담겨 있었다. 나는 그 그림들이 어떤 유명 작가의 작품보다도 마음 깊은 울림을 주는 위대한 예술이라는 확신을 가졌다.

기적이란 무엇일까? 아픈 지체의 병이 낫는 것이 아니라, 아픈 지체를 건강한 눈으로 바라보며 함께 손을 잡고 걸어가는 삶, 그것이 바로 기적이다.

나는 전시회를 통해 오래도록 궁금했던 질문 '발달장애인도 예수님을 영접할 수 있을까?'의 해답을 찾았다. 예수님을 만나면 누구든지 변화될 수 있고, 모두에게 주신 달란트는 성령의 능력으로 사람들에게 감동을 줄 수 있다는 사실을 확인한 시간이었다.

"그뿐 아니라 더 약하게 보이는 몸의 지체가 도리어 요긴하고
우리가 몸의 덜 귀히 여기는 그것들을 더욱 귀한 것들로
입혀 주며 우리의 아름답지 못한 지체는
더욱 아름다운 것을 얻느니라"
- 고린도전서 12장 22~23절

인생을 공부한 직업소개소

하나님께서 나를 서울 노원구 상계동에 심으신 것은 아주 오래전부터 준비된 여정이었다. 지금 돌아보면, 그 시작은 단순한 '직업'이 아니라 나를 이 땅의 복음 전도자로 세우기 위한 하나님의 놀라운 섭리의 발걸음이었다.

1988년 어느 날, 둘째 언니가 전화해서 상계동에서 직업소개소를 열게 되었는데, 함께 일하지 않겠느냐고 제안했다. 당시 나는 대학을 갓 졸업하고, 전공을 살려 취업할 수 있는 길을 찾고 있었다. 마음속에는 안정적인 직장을 갖고, 사회에서 인정받는 사람이 되고 싶었다. 그러나 현실은 쉽지 않았다. 이력서를 들고 몇 군데 문을 두드려보았지만, 마음처럼 되지 않고, 번번이 좌절을 맛봐야 했다. 그래서 '잠깐만 도와주자.'라는 마음으로 상계동으로 향했다.

당시의 상계동은 판자촌과 가파른 언덕, 좁은 골목길 사이로 수많은 사람이 몸을 부딪치며 살고 있는 서울에서 낙후된 지역이었다. 공용 화장실을 쓰는 가구가 대부분이었고, 아이들의 웃음소리보다는 고된 일상에 지친 한숨이 더 자주 들리던 동네였다. 아파트 공사로

흙먼지와 시멘트 냄새가 늘 주변을 감싸고 있었고, 그나마 아파트에 사는 사람들은 이 동네에서 소위 '부자'로 통했다.

그런 동네 한가운데 직업소개소를 차렸다. 어색하고 낯설게 느껴졌던 그 공간은 시간이 흐르면서 점점 내 삶의 터전이 되어갔다. 매일 새벽 7시에 사무실 문을 열고, 하루에 수백 통의 전화를 받으며, 수십 명의 구직자와 마주하는 일은 몸도 마음도 지치게 했다. 하지만 이상하게도 피로감보다는 살아 있다는 감사가 더 크게 밀려왔다.

언니는 말없이 하루하루를 성실하게 살았다. 그리고 어느 날 고백처럼 내게 말했다. "나는 그냥, 어려운 사람들 도와주고 싶어서 이 일을 시작했어." 그 한마디가 내 마음을 흔들었다. 그리고 그 말을 시작으로 나의 시선도, 마음도 점점 이 일에 깊이 들어가게 되었다.

구직자 중에는 생계가 걸린 절박한 사람도 많았다. 한번은 남루한 옷차림의 중년 여성이 들어와서는 벌벌 떨며 말했다. "어디든 괜찮아요. 밥 한 끼만 주면 돼요. 설거지라도 시켜주세요." 그 말을 듣는 순간, 사무실 한편에 마련해 둔 커피와 라면, 밥솥이 얼마나 귀한 존재인지 새삼 깨달았다. 그곳은 단지 일자리를 알선하는 공간이 아니었다. 눈물과 위로가 머무는 사람의 '존재'를 회복하는 자리가 되어야 했다. 우리는 그 공간을 사랑방처럼 꾸미기 시작했다. 구직자들이 자유롭게 들렀다가 가는 쉼터, 서로를 위로하고 삶을 나누는 곳으로 만들고자 했다. 어떤 분은 반찬을 가져다 놓고 가기도 했고, 어떤 분은

"이제는 일자리를 찾지 않아도 되는데, 그냥 놀러 왔어요." 하며 웃으며 들르신 분도 있었다.

지금도 잊지 못할 한 통의 전화가 있다. 검정 비닐봉지에 담긴 3kg짜리 설탕 하나가 조용히 사무실 한쪽에 놓여 있었다. 그리고 잠시 뒤 걸려 온 전화. "정말 고마워서요…. 명절 선물이라도 드리고 싶은데 돈이 없어요. 설탕이라도 드리고 싶었어요. 부끄럽지만 드세요." 전화기 너머의 목소리는 작고 떨렸지만, 그 안에는 진심이 담겨 있었다. 나는 눈물이 났다. 주는 사람도, 받는 사람도 모두 '사랑'의 자리에서 울 수 있는 공간, 그곳이 바로 하나님이 허락하신 직업소개소였다.

나는 아이를 맡길 곳이 없어 아침마다 유모차에 태우고 사무실로 출근했다. 그러면 구직자들이 서로 아이를 안아주고, 재워주며, 돌봐주셨다. 그중 한 분, 혜성교회의 서 권사님은 하나님께서 나에게 보내주신 천사와도 같은 분이었다. 권사님은 무려 10년 동안 내 아이들을 돌봐주셨고, 자연스럽게 나를 교회로 인도하셨다.

신앙이 없던 내게 '교회'는 멀고 낯선 공간이었다. 그러나 권사님의 따뜻한 손길과 삶을 통해 예수님의 향기가 내게 전해졌다. 그 사랑은 말보다 강했고, 설명보다 깊었다. 그분이 내게 전한 복음은 지식이 아닌 삶이었다.

어느 날, 하나님께서 내 마음에 속삭이시는 듯했다. '연희야, 너는 이 동네를 누구보다 잘 알고 있잖니? 네가 이곳을 품었으면 좋겠다.' 그 음성은 결단이 되었고, 그 결단은 삶이 되었다.

IMF가 닥쳐왔을 때, 많은 사업장이 문을 닫았다. 전화도 줄었고, 일자리도 줄었다. 그런데 놀랍게도 우리 사무실에는 구직자들의 발걸음이 끊이지 않았다. 어떤 분은 일거리가 부족한 상황에서, 다른 구직자에게 기꺼이 자리를 양보하기도 했다. 경쟁이 아닌 배려, 이기심이 아닌 나눔이 있었다. 하나님은 그런 선행을 잊지 않으셨다.

> "가난한 자를 불쌍히 여기는 것은
> 여호와께 꾸어 드리는 것이니
> 그의 선행을 그에게 갚아 주시리라"
> - 잠언 19장 17절

10년이라는 시간이 지나고 언니는 형부의 은퇴와 함께 강원도 횡성으로 귀촌했다. 나도 상담원의 일을 마무리하고 오래전부터 관심 있었던 '원예'에 마음을 두기 시작했다. 꽃과 흙을 만지며 지친 마음을 위로받았고, 자연 속에서 하나님의 섬세하신 손길을 발견할 수 있었다. 원예 플리마켓(벼룩시장)을 시작했고 원예 강사로도 활동하게 되었다. 플리마켓에서는 복음 카드를 함께 나누면서 캘리그라피로 성경 말씀을 담은 액자도 전시했다. 말씀과 원예를 접목한 작은 상품은 예상보다 좋은 반응을 얻었다. 말씀이 들어간 작은 액자 하나가 누군가의 마음 문을 열고, 그날 하루를 붙들게 하는 힘이 되었다.

> "사람이 마음으로 자기의 길을 계획할지라도
> 그의 걸음을 인도하시는 이는 여호와시니라"
> - 잠언 16장 9절

하나님은 한때 직업을 고민하던 내게 '직업'을 넘어서 '사명'을 주셨다. 그 사명은, 낮은 자리에서 사람을 사랑하는 일, 지친 이들의 손을 잡아주는 일, 하나님의 사랑을 말보다 먼저 삶으로 보여 주는 일이었다. 그 모든 시작이 직업소개소였다. 그래서 나는 확신했다. 하나님이 소개하신 인생의 자리에는 실패가 없으며, 그분이 인도하신 만남에는 우연이 없다는 것을.

2장

하나님을 만나다

지명하여 불렀나니

'어린싹은 어둡고 메마른 땅속에서 오랫동안 씨앗으로 있었어요. 어느 날, 이 씨앗은 땅 위에 작은 싹으로 힘겹게 꿈틀대며 올라온 거예요. 땅 위에서 따스한 햇볕과 부드러운 바람과 물을 처음 느낀 어린싹은 숲을 지키는 숲지기의 손길을 느끼며 숲속의 나라가 좋아지기 시작했어요. 숲지기는 어린싹을 사랑으로 돌봐 주었고 어린 싹은 조금씩 자라났어요.'

_ 창작동화「숲지기와 어린나무」중에서

나는 우물 안 개구리처럼 내 눈에 보이는 좁은 하늘이 세상의 전부인 줄 알고 살았다. 내 발이 딛고 있는 내 삶의 우물이 나의 전부였다. 그 어둡고 메마른 우물 속에서 하나님을 외면하고 그분의 얼굴을 외면한 채 살았다. 스스로 주인이라 여긴 삶은 생명 없는 씨앗처럼 메마르고 아팠다. 비록 힘겨운 삶이었지만 내 힘으로 움켜쥔 삶에 만족하며 살았다. 세상은 차갑고 내 마음은 늘 허기졌지만, '이 정도면 견딜 수 있다.'라고 애써 다독이며 살았다. 그런 나를 하나님께서 찾아오셨다.

어느 날, 하나님의 음성이 내 마음에 들리는 듯했다. '너는 내 것이라.' 그 말 한마디가 나를 땅 위로 끌어올렸다. 고개를 들자, 처음으로 은혜의 빛이 보였다. 내 삶에도 햇빛이 있었고, 바람이 있었고, 따뜻한 기운을 품은 '숲의 나라'가 있다는 것을 알게 되었다.

하나님은 내가 한번도 경험하지 못한 '다른 세계'를 보여 주셨다. 그 세계는 죄책감이 아니라 용서가 있었고, 외로움이 아니라 품어주는 사랑이 있었다. 그분은 숲지기처럼 내 영혼을 보듬으셨고, 나는 그 품 안에서 조금씩 살아나기 시작했다. 삶의 언어가 바뀌었다. 상처는 간증이 되었고, 아픔은 소망이 되었다. 무너진 자리에서 피어난 은혜는 내 마음에 새로운 싹을 틔웠고, 나는 그 나라를 전하고 싶어졌다.

세상에서 방황하는 사람들에게 '여기 숲의 나라가 있어요. 이 숲에는 생명이 있고, 그 생명은 하나님에게서 왔어요.'라고 말하고 싶어졌다.

이제 나는 안다. 내 삶은 내가 만들어가는 이야기가 아니라, 하나님이 써 내려가시는 이야기 속에 있는 존재이며 그 이야기 속에서 '그분의 것'이 되었다는 사실이 얼마나 놀랍고 감사한 선물인지 점점 더 깊이 알아가고 있다.

첫 번째 폭풍 - 딸의 병

2018년 여름, 내 삶에 커다란 폭풍 하나가 불어닥쳤다. 사회생활을 잘하고 있던 스물일곱의 건강한 딸에게 '과호산구 증가증'이라는 생소한 병이 갑자기 찾아오면서 우리는 예고 없이 닥친 깊은 어둠 속에 던져졌다.

처음엔 단순히 피로가 쌓였겠거니 생각하며 무릎과 발목이 부어오르는 증상을 가볍게 여겨 동네 정형외과를 다니면서 물리치료와 약을 병행했다. 하지만 통증은 점점 심해졌다. MRI와 혈액검사를 진행한 결과 뼈나 연골에는 아무 이상이 없으나 백혈구의 일종인 '호산구' 수치가 일반적으로 500 이하가 정상인 데 반해 딸은 8,000이라는 상상하기 어려운 수치가 나왔다는 소견이었다. 담당 의사는 사안이 심상치 않다며 소견서를 써 주면서 지체하지 말고, 바로 큰 병원에서 진료를 받아야 한다며 진료 예약까지 서둘러 잡아 주었다.

며칠 후, 정밀검사 결과 혈액 관련 중증 질환일 수 있으니 혈액암 전문과로 연계하겠다는 이야기를 듣고는 깊은 절벽 앞에 선 것 같았다. 혈액암과 전문의의 설명에 따르면 과호산구 증가증은 호산구라는 백혈구가 비정상적으로 증식하면서 인체의 장기에 침투해 조직을 손상할 수 있는 중증 질환이며, 원인조차 불명확하고 재발 우려도 크다고 했다. 지금으로선 호산구 수치를 강제로 떨어뜨리기 위해 고용량 스테로이드를 투여해야 하고, 이로 따라 얼굴이 붓는 등의 심한 부작용이 예상된다고 하였다. 이야기를 들은 뒤 우리는 서로 아무 말도 하지 못했다. 딸의 손을 잡고 집으로 돌아오는 동안 무슨 말을 해야 할지 몰랐다. 결국 간신히 짜낸 말은 "약이 잘 들을 거야, 혹시 힘들면 회사를 그만둬도 괜찮아."라는 말이었다. 아픈 딸에게 아무것도 해줄 수 없다는 무력감이 내 안을 꽉 채우고 있었다. 그렇게 시작된 딸의 투병은 2주에 한 번씩 병원을 찾아 혈액검사를 받고 약을 조절해 가며 상태를 살펴보는 것이 전부였다. 몸과 마음을 동시에 견뎌야 하는 인내의 시간이 시작되었다.

딸은 약물 부작용으로 인해 얼굴이 부어오르기 시작했는데 그 얼굴을 하고 단 하루도 빠짐없이 회사에 다녔다. 아무 내색 없이 평소와 다름없이 지내는 딸을 바라보며 나는 그 조용한 강인함이 오히려 더 안쓰럽고 슬펐다. 내 앞에서는 괜찮은 척하지만 혼자 있을 때는 얼마나 많이 힘들고 또 얼마나 소리죽여 울었을까. 그 마음을 헤아릴수록 더 아파지는 것은 부모라는 이름으로도 고통을 나눠 가질 수 없다는 현실이었다.

어느 날 남편의 회사에서 일하던 젊은 여직원이 같은 질병으로 진단받고 제때 치료를 받지 못해 장기가 손상되어 사망했다는 부고를 들었다. 나는 온몸이 마비된 듯 충격을 받았다. 그 일 이후 딸의 얼굴을 보는 것도 마음이 아팠다. 우리의 상황을 알 길 없는 주변 사람들은 딸을 향해 "요즘 살이 올랐네." 하며 한마디씩 던졌다. 그 말에 대꾸도 하고 싶지도 않고, 일일이 우리의 상황을 설명하고 싶지도 않았다. 그저 엷은 미소로 대답을 대신했다. 마음속에는 눈물이 강이 되어 고여만 갔다.

그러던 어느 날 참았던 설움과 슬픔이 몰려와 지하 주차장 차 안에서 소리를 내며 한참을 울었다. 그렇게 지친 마음을 안고 오래전에 알게 된 혜성교회의 서 권사님께 기도라도 부탁하고 싶은 마음에 전화를 걸었다. 지금 생각해 보면, 그때까지 내게 하나님을 믿는 온전한 믿음은 없었지만, 마음 깊은 곳에는 전능하신 분이 계신다는 걸 알고 있었던 것 같다.

상황을 들은 서 권사님의 목소리는 조용했고, 눈물 섞인 떨림이 묻어 있었다. 그분은 이렇게 말씀하셨다. "지은이 엄마, 하나님 앞에 하고 싶은 말 다 쏟아 놓으세요. 우리 예수님 손잡고, 천국까지 같이 가요. 지은이랑 가족이랑 함께 가야지요. 우리 교회가 조금 멀면, 근처에 있는 교회부터 나가봐요." 그 한마디에 나의 마음이 무너졌고, 그 자리에서 터져 나오는 통곡을 막을 수 없었다. 아무에게도 말하지 못하고 꾹꾹 눌러 담았던 두려움과 외로움, 억눌렀던 눈물들이 한꺼번에 쏟아져 나왔다.

그때 하나님께서 나를 만지고 계신다는 것을 느낄 수 있었다. 갑자기 기도가 하고 싶어졌다. 집 근처 상가에 있는 교회 문을 두드렸지만, 문은 굳게 닫혀 있었고 십자가만이 나를 바라보고 있었다. 그날만큼 십자가가 그렇게 귀하게 느껴진 적은 없었다. 나는 멈추지 않고 십자가를 찾아 무작정 거리를 헤매었다. 한참을 돌아다니다 조용히 문이 열려 있던 작은 교회를 발견하고 아무도 없는 그 예배당 한쪽에 앉아 울며 기도했다. 어떻게 기도해야 할지 몰랐지만, 누군가 보내준 말씀 하나를 붙잡고 따라 읽으며 기도했다.

> "두려워하지 말라 내가 너와 함께함이라 놀라지 말라
> 나는 네 하나님이 됨이라 내가 너를 굳세게 하리라
> 참으로 너를 도와주리라 참으로 나의 의로운 오른손으로
> 너를 붙들리라"
> – 이사야 41장 10절

나는 회개의 눈물을 흘렸다. 내가 하나님을 외면하고 살아온 시간이 떠올라 그분 앞에 무릎 꿇게 되었다.

며칠 후, 서 권사님이 혜성교회 '블레싱 축제'에 한번 와 보라고 권유했다. 거리는 조금 멀었지만, 권사님이 좋아서 아이들과 함께 참석하기로 했다. 축제가 다가올수록 교회에 빨리 가고 싶다는 마음이 들었다. 그 감정이 내겐 너무도 낯설고 놀라웠지만, 싫지는 않았다.

그날, 무대에 선 성악가의 간증을 들었다. 암으로 다리를 절단해야 할 상황에서 하나님께 간절히 기도했더니, 암이 깨끗하게 나았고, 의사도 그것을 '기적'이라고 했다는 내용의 간증이었다. 그리고 '너는 내 것이라'라는 찬양을 부르던 그가, 꽃 한 송이를 들고 무대에서 내려와 내게 건넸다. 내가 앉아 있던 자리까지 직접 찾아와 내 손에 꽃을 건네준 그 순간, 하나님이 나에게 말씀하신다는 것을 온몸으로 느낄 수 있었다. '우리 딸도, 기도하면 나을 수 있겠구나.' 그날, 내 안에 작은 희망의 불씨가 피어올랐다. 그 이후로 딸과 나는 혜성교회에 등록했고, 교회 가족과 목사님들의 중보기도가 시작되었다. 그 따뜻한 기도 속에서 우리는 하나님이 어떻게 일하시는 분인지, 우리를 어떻게 사랑하시는지를 온몸으로 배우기 시작했다.

"우리가 환난을 당하는 것도
너희가 위로와 구원을 받게 하려는 것이요…"
- 고린도후서 1장 6절

딸이 투병 생활을 시작한 지 세 달쯤 되었을 무렵, 담당 의사는 조심스럽게 새로운 방향을 제시했다. 지금까지 복용해 오던 고용량 스테로이드를 잠시 중단하고 호산구 수치가 자연적으로 회복되는지를 관찰하자는 것이었다.

만약 수치가 다시 상승한다면 골수검사와 더불어 표적 항암제를 투여해야 할 수도 있다는 말에 나는 복잡한 감정에 휩싸였다. 약을 끊는다는 것 자체는 희망적인 이야기처럼 들렸지만, 그 안에 감춰진 '다음 단계'는 훨씬 더 무겁고 두려운 절차였기 때문이다. 좋아질 수도 있고, 더 악화할 수도 있다는 두 가능성을 두고 하나님 앞에 하루에도 수십 번씩 마음을 내려놓고 다시 움켜쥐기를 반복했다.

그때부터 매일 새벽이면 딸이 일어나기 전에 조용히 딸의 방으로 들어가 아이의 이마에 손을 얹고 기도했다. 처음엔 어떻게 기도하는지도 몰라 그저 하나님, 제발 이 아이를 고쳐 달라는 한 문장을 눈물로 반복할 뿐이었다. 딸 앞에서는 내 마음을 드러낼 수 없어 늘 담담한 얼굴을 하고 있었지만, 그 손끝엔 간절함이 고스란히 묻어 있었다. 눈물을 삼키며 기도하던 그 시간이 내게는 하루 중 가장 고요하고도 뜨거운 순간이었다.

딸은 자는 척하면서도 내가 매일 찾아와 기도하고 있다는 걸 알고 있었고, 그걸 아는 나 또한 모른 척하며 침묵의 신앙을 쌓아갔다. 그렇게 2주가 지나 다시 병원을 찾았을 때, 우리의 마음은 몹시 조심스러웠다. 하지만 예상대로 약을 끊은 직후 호산구 수치는 다시 상승했고, 의사는 2주만 더 지켜본 후 반응이 없으면 골수검사를 시행하겠다고 말했다. 이제 정말 기로에 선 것 같았다. 두 번째 검사일이 다가오는 그 시점, 나는 단 하루도 빼놓지 않고 눈물로 기도했다.

"하나님, 이번엔 꼭 붙들어 주세요.
이 아이를 살려주세요.

기적이라는 것이 우리 가정에도 일어날 수 있도록
은혜를 베풀어 주세요."

마침내 다시 병원을 찾던 날. 검사 결과는 놀라웠다. 약을 끊었는데도 불구하고 호산구 수치가 급격히 떨어졌고, 의사는 한참 모니터를 들여다보다가 고개를 들어 말했다. "수치가 정상 범위에 거의 가까워졌습니다. 이런 반응은 매우 이례적인데요. 조금 더 지켜보긴 해야겠지만, 지금은 아주 좋은 상태입니다." 그 말을 듣고 나는 온몸에 기운이 풀리듯 의자에 깊이 기대며 눈물이 고이는 눈을 감았다.

2주 후 다시 받은 검사에서 수치는 완전히 정상 범위 안으로 진입했고, 한 달이 지나도록 안정적으로 유지되자 의사는 마지막으로 이렇게 말했다. "이건, 기적입니다. 정확한 이유는 설명하기 어렵지만, 분명히 기적이라고밖에 할 수 없습니다." 나는 그 말을 듣는 순간, 하나님께서 이 아이를 살려주셨다는 것을 온몸으로 느꼈다. 그날 집으로 돌아오는 길, 나는 딸의 손을 꼭 붙잡고 속삭였다.

"하나님이 살려주셨어. 이건 우리가 만난 첫 번째 기적이야."

"환난 날에 나를 부르라. 내가 너를 건지리니
네가 나를 영화롭게 하리로다"
- 시편 50편 15절

두 번째 폭풍 - 마귀의 음성이 들리다

딸의 병이 기적처럼 회복되고 평온이 찾아온 줄 알았던 그 시기, 나는 예상하지 못했던 두 번째 폭풍과 마주하게 되었다. 그것은 신체의 병이 아니라, 나의 영혼을 깊은 곳에서부터 뒤흔드는 아주 낯설고도 두려운 일이었다. 그것은 이제 막 하나님을 인격적으로 만나기 시작한 믿음의 유아기 시절에 일어난 일이었다.

어느 날 밤, 자려고 누웠는데 설명할 수 없는 이상한 기운이 온몸을 덮는 듯한 느낌이 들었다. 마치 내 몸 안으로 어떤 존재가 스며드는 것 같았고 갑작스럽게 들려오기 시작한 음성은 충격과 공포 그 자체였다. 그 음성은 또렷하고도 위협적이었다. "나는 예수다. 너는 많은 죄를 지었고, 그 죄는 용서받을 수 없다. 이제 죽어야 한다." 그 말은 마치 차가운 칼끝으로 심장을 겨누는 것처럼 날카롭고 단호했으며, 어릴 적 기억까지 생생히 들추어내면서 내가 지은 모든 죄를 낱낱이 읊기 시작했다. 마치 오랜 시간 동안 내 인생을 엿보고 있었던 존재가 이 순간을 위해 준비하고 있었던 듯 말했다.

나는 예수님을 믿은 지 얼마 되지 않은 상태였고, 하나님의 음성을 분별할 수 있는 영적 근육이 전혀 없었기에 그 정죄의 목소리를 하나님의 꾸지람으로 오해했다. 처음엔 '내가 정말 하나님 앞에 용서받지 못할 죄인인가?'하는 두려움이 밀려왔고, 곧 그 목소리는 반복적이고 지속적으로 내 일상을 집어삼켰다. 귀를 막아도 들렸고, 자려고 해도 잠이 오지 않았으며, 눈을 떠 있는 동안에도, 외출할 때도, 심지어 가족과 식사할 때도 그 소리는 끊임없이 내 안에서 울려 퍼졌다. "차에 뛰어들어라. 지금 끝내야 한다. 네가 죽으면 가족은 산다." 그렇게 속삭이고, 위협하고, 설득하며 나를 죽음으로 밀어 넣으려 했다.

그 소리는 단지 귀로 듣는 것이 아니라, 마음 깊은 곳에서 영적으로 쏟아져 들어오는 음성이었기 때문에 나는 더더욱 무기력하게 무너질 수밖에 없었다. 세상 누구에게도 말할 수 없는 공포 속에서 홀로 버티려 했지만, 정신은 점점 피폐해지고 육체는 음식을 먹지 못해 하루하루 야위어 갔다. 무기력한 일상이 계속되었고, 얼굴은 핼쑥해졌으며, 마음은 완전히 공황 상태였다.

그 당시에는 귀신이 성경 속 옛이야기인 줄로만 알았는데 마귀의 음성을 직접 듣고 있다는 현실을 도저히 믿을 수 없었다. 더구나 내 가족조차 나의 고통을 이해하지 못해 내가 겪고 있는 일이 단지 신경성 환청이나 정신적인 혼란으로 보인다는 것이 가장 큰 고통이었다. 죽고 싶지 않았지만, 죽어야만 한다는 강박 속에서 점점 벼랑 끝으로 내몰리고 있었고, 가족과 교회에서조차 누구도 내 안에서 일어나는 전쟁을 정확히 설명해 줄 수 없었다.

어느 날 새벽 두 시쯤, 나는 조용히 집을 나서기로 했다. 마지막으로 아이들의 얼굴이 보고 싶어 조심히 문을 열었는데, 평소 깊게 자던 아들이 놀랍게도 눈을 뜨더니 나를 바라보며 물었다. "엄마, 어디 가세요?" 나는 잠시 머뭇거리다가 담담하게 말했다. "잠시 다녀올게. 한동안 못 올 수도 있어. 잘 지내." 아들은 그 말이 평범한 외출의 인사말이 아님을 직감했는지 곧장 서 권사님께 전화하고 남편에게도 연락했다. 그 몇 마디가 어쩌면 내 생명을 붙든 결정적 순간이었는지도 모른다.

조금 뒤, 서 권사님 부부가 택시를 타고 도착했고, 나는 이미 신발을 신고 문밖으로 달려 나갔다. 그 택시가 도착하자마자 올라탄 나는 조급한 마음으로 "화곡동에 있는 교회로 가 주세요."라고 외쳤고, 옆자리엔 아들이 조용히 나와 함께 탔다. 그러나 상황을 파악하신 권사님은 택시 기사에게 큰길로 나가지 말고, 동네 주변을 돌며 내 마음이 진정될 때까지 기다리자고 말했다. 그렇게 강변북로 입구까지 차를 몰고 가던 중, 갑작스럽게 숨이 막히는 듯한 증상이 몰려와 "차를 세워주세요!"라고 소리쳤다.

차에서 내리는 순간, "뛰어내려! 지금이다. 끝내라!"라는 강한 음성이 내 머리를 장악했고, 나는 무의식적으로 차도 한가운데로 뛰어가려 했다. 그 순간 아들이 달려와 나를 껴안았다. 결국 택시에 다시 실려 새벽녘쯤 어머니 집으로 향했다. 다음 날, 혼자 전철을 타고 집으로 돌아오던 나는 지하철 안에서 두 명의 경찰에게 붙들렸다. 가족이 실종 신고를 했고, 경찰은 내 휴대전화 위치를 추적해 나를 찾았다고 설명했다. 그 순간 너무 많은 생각이 스쳐 지나갔다. 내가 얼마나 위험한 상황에 있었는지를 그제야 조금씩 실감하게 되었다.

그 이후로도 환청은 멈추지 않았다. 때로는 산책하다 말고 도로로 뛰어들려는 충동에 사로잡혔을때, 아들이 따라와 내 팔을 부여잡고 울며 말리는 일이 여러 번 있었다. “엄마, 왜 그래요? 제발, 멈춰 주세요.” 그런 아이의 울음은 나를 붙잡는 유일한 끈이었고, 동시에 내가 살아야 할 이유를 다시 되새기게 했다. 나는 말없이 ‘내가 죽어야 우리 가족이 살 수 있는데….’라고 되뇌었고, 그 말을 들은 가족은 너무 놀라 할 말을 잃었다.

결국, 나는 정신과 치료를 받게 되었다. 병원에서는 ‘과대망상증, 환청 동반’이라는 진단을 내렸다. 의사는 병원에 입원하라고 강하게 권유했지만, 그곳에 들어가면 정말로 생명이 꺼져버릴 것 같다는 두려움에 “제발, 통원 치료를 허락해 주세요. 치료 잘 받을게요.”라며 애원했다. 그렇게 2주에 한 번씩 약을 받고 상담을 받는 시간을 시작하게 되었다. 그러나 약이 내게 맞지 않아 어떤 날은 잠을 전혀 잘 수 없어 뜬 눈으로 날을 샜고, 어떤 날은 하루 종일 잠만 자는 등 극심한 부작용에 시달려야 했다. 온몸은 점점 쇠약해지고, 무기력은 점점 깊어졌다.

혼자 집에 남겨지는 시간이 가장 두려웠고, 남편과 아이들이 퇴근하기까지의 몇 시간은 마치 늪 속에서 몸부림치는 시간처럼 느껴졌다. 그런 시간 속에서도 하나님은 나를 포기하지 않으셨다. 교회의 많은 분이 내 상황을 듣고 함께 기도해 주셨고, 담임 목사님의 안수기도와 교구 목사님의 심방, 원로 목사님의 중보기도는 나를 조금씩 제자리로 되돌려 주는 통로가 되었다.

시간이 흐르면서 조금씩, 아주 조금씩 나는 회복되어 발병 6개월쯤 되었을 때는 마귀의 환청이 점점 사라지기 시작했다. 그 후로 1년이 지나자 나는 완전히 정상적인 삶을 살아갈 수 있게 되었다. 아직도 가끔은 두려움의 그림자가 몰려오기도 하고, 마귀의 거짓된 속삭임이 들려오는 듯한 순간이 있지만, 이제는 그 소리가 내 삶을 지배하지 못한다. 왜냐하면 나는 하나님의 말씀과 약속이 내 안에 살아 있음을 믿기 때문이다.

사탄은 가장 약할 때, 가장 혼란할 때 틈을 타며, 광명의 천사로 위장해 다가와 하나님의 말씀인 것처럼 가장하여 혼란을 일으키기도 한다는 사실을 나는 알게 되었다. 그리고 그 모든 거짓과 위협은 예수 그리스도의 이름으로 대적할 수 있으며, 말씀은 어두운 영을 물리치는 가장 강력한 검이라는 진리를 깨달았다. 믿음이란 단지 마음속의 소망이 아니라, 영혼을 지키는 방패임을 내 온몸으로 배웠다.

"내가 그의 길을 보았은즉 그를 고쳐 줄 것이라
그를 인도하며 그와 그를 슬퍼하는 자들에게
위로를 다시 얻게 하리라"
- 이사야 57장 18절

하나님은 사랑이다

딸의 병을 통해 첫 번째 폭풍을 그리고 내게 들려온 마귀의 정죄 음성을 통해 두 번째 폭풍을 지나면서 우리는 죽음의 문턱 앞에 서야 했다. 몸은 기적적으로 회복되었고, 정신과 영혼도 수많은 기도와 눈물 속에서 조금씩 되살아났지만, 그것으로 모든 것이 끝난 것은 아니었다. 육체는 치유되었지만, 내 마음 어딘가에는 여전히 풀리지 않는 매듭처럼 남아 있는 상처와 어둠이 있었다. 그것은 내가 하나님께 완전히 자신을 맡겼다고 말하면서도 여전히 품고 있던 깊은 혼란이기도 했다.

믿음의 회복은 단지 교회에 나가는 것으로 이뤄지는 것이 아니었다. 하나님을 예배하고 찬양하며 성경을 읽고 훈련반에 참가하는 시간은 내게 분명 큰 유익이 되었지만, 여전히 내 안에는 '하나님이 과연 정말 나를 사랑하실까?', '그분이 나를 기억하실까?' 하는 물음들이 불쑥불쑥 올라오곤 했다. 머리로는 하나님의 사랑을 알고 있었지만, 가슴은 아직 그 사랑을 충분히 누리지 못한 채 어딘가 경계하고 방어하고 있었다.

그러다 기도 중에 내 마음에 떠오른 말씀이 있었다. '미움과 분노의

싹은 독이 되어 네 몸 전체로 퍼진다. 너의 상처를 네가 붙잡고 해결하려 하지 말고, 내게 말해다오.' 그 말씀은 마치 오랜 시간 움켜쥐고 있던 단단한 돌을 내 손에서 조심스레 풀어주는 것처럼 나를 이끌었다. 처음으로 하나님의 품 안에서 내 안에 눌려 있던 분노와 억울함, 풀리지 않던 억눌림을 눈물로 토해냈다. 하나님 앞에서 마음껏 서럽게 서럽게 울었다.

내가 변해버린 이유, 하나님 앞에 나아가고 싶으면서도 마음을 다 내어드리지 못했던 그 이유를 조심스럽게 고백했다. 그날의 기도는 단지 요청이 아니라, 하나님과의 진정한 대화였고, 내 영혼 깊은 곳에서 올라오는 '진짜 나'의 울부짖음이었다. 하나님은 내가 변한 모습조차 안타까움으로 바라보시는 분이셨다. 내가 완전히 회복되기만을 기다리시는 것이 아니라 지금 이 상태 그대로도 끌어안고 사랑하시는 아버지이셨다. 그분은 나에게 무조건적인 용서를 명령하지 않으셨고, 나의 감정과 상처를 외면하지도 않으셨다.

오히려 내 속에 있는 어둠을 함께 들여다보며, 거기에 머물러 있지 않도록 진심으로 이끌어주셨다. 나는 서서히 깨닫기 시작했다. 용서와 사랑은 내가 억지로 짜내야 하는 명령이 아닌 내가 먼저 하나님의 사랑을 깊이 받아들일 때 자연스럽게 흘러나오는 생명의 물줄기라는 것, 하나님은 나를 정죄하시기 위해 기다리시는 분이 아닌 내가 돌아오기만을 간절히 기다리시는 분이라는 것을 알게 되었다.

내 안에 쌓였던 세상의 독이 그분의 사랑 안에서 빠져나가자 처음 느껴보는 평안과 기쁨이 마음을 채우기 시작했고, 내가 스스로 정죄하던 내 모습조차도 있는 그대로 받아들이게 되었다.

"네가 내 눈에 보배롭고 존귀하며 내가 너를 사랑하였은즉…"
- 이사야 43장 4절

그 말씀이 마음에 깊이 박히던 날, 나는 아무 말도 없이 한참을 울었다. '내가 무엇이기에 이토록 과분한 사랑을 받을 수 있을까?' 하는 마음이 들 정도로 그 사랑은 너무도 깊고 따뜻했다. 이전에는 내가 완벽하게 살지 못하면 하나님께 죄송하다는 생각이 앞섰지만, 이제는 '하나님과 함께 사는 이 삶 자체가 선물이고 기쁨'이라는 것을 알게 되었다. 그래서 그분 앞에서 내 마음을 드러내는 것에 더 이상 주저하지 않게 되었다. 더 이상 과거의 나와 같지 않았다.

이제는 하나님의 계획 속에 내가 어떤 존재인지, 얼마나 귀한 존재인지 조금씩 알아가고 있었고, 그것은 내게 세상의 어떤 칭찬이나 위로보다 강력한 회복의 말씀이 되었다. 내가 지금 살아가는 이 일상이 하나님께서 설계하시고 붙들고 계신다는 믿음은 내 발걸음을 다시금 밝고 담대하게 만들었고, 내가 전하고 싶은 것도 이제는 내가 아닌 하나님이셨다.

예전에는 사람들의 말 한마디에 쉽게 흔들렸고, 관계 속 갈등에 상처 입었으며, 내가 누구인지 설명할 수 없을 만큼 정체성의 혼란 속에서 방황했다. 그러나 이제는 하나님이 주시는 '존귀한 자녀'라는 이름이 내 인생을 다시 정의하고 있었다. 세상의 기준으로 보자면 여전히 부족한 사람이지만, 하나님 안에서 나는 이미 사랑받는 자이고, 복음을 전할 수 있는 자이고, 그 사랑을 글과 말로 나눌 수 있는 새로운 존재이다.

무엇보다 감사한 것은 하나님께서 내게 재능을 주셨다는 것을 일깨워 주셨다. 나는 평생 내가 특별히 잘하는 것이 없다고 생각하며 살았다. 재능이란 것은 특별한 사람들에게만 주어지는 선물이라 여겼는데 나의 간증을 동화 '숲지기와 어린나무'로 풀어낼 수 있는 상상력과 필력을 주셨다.

또 어느 날은 성경을 묵상하다가 갑자기 성경 본문의 글자가 아름다운 캘리그라피로 떠오르며 말씀 액자처럼 보이는 환상을 체험하게 되었고, 이후 직접 말씀을 손 글씨로 써 내려가기 시작하면서 그 작품들이 사람들의 삶으로 들어가 위로와 소망이 되었다는 고백을 듣게 되었다.

하나님은 나를 통해 당신의 영광을 나타내시고, 내가 당신의 도구가 되는 것을 너무나 기뻐하신다. 하나님의 그 사랑을 경험하고 난 후에 더 이상 나 자신을 자책하지 않고, 세상의 기준으로 나를 판단하지 않으며, 하나님 안에서 빛나고 존귀한 생명으로 살아갈 수 있게 되었다.

복음은 지식이 아니다. 복음은 영원히 단절될 수밖에 없던 죄인이 하나님의 사랑 때문에 용서받고 회복되어 다시 그분의 품으로 돌아오는 이야기다. 그리고 귀하고 귀한 복음을 이제는 전할 수 있는 자가 되었다는 것이 나의 삶에서 누릴 수 있는 가장 큰 기쁨이다.

교회에 와서 처음으로 복음을 듣다

복음은 죄로 인해 하나님과 나 사이의 관계가 회복될 수 없을 만큼 단절되었을 때, 지옥에 갈 수밖에 없었던 나를 불쌍히 여기시고 사랑하셔서 하나님께서 독생자 예수 그리스도를 이 땅에 보내 주셔서 나를 대신하여 속죄 제물로 십자가에 못 박게 하신 것이다. 이제 나는 그분의 피로 죄를 용서받았고, 그분의 부활로 인해 영원한 생명을 선물로 받았다. 이 복음은 값없는 은혜이며, 교회는 그 십자가의 핏값으로 위에 세워졌고, 우리가 구원을 얻는 길 또한 오직 십자가 복음을 통해서 얻게 된다. 그러므로 기독교의 핵심은 예수 그리스도의 죽음과 부활을 전하는 것이며 하나님이 우리에게 맡기신 사명이다.

복음은 여러 번 들었지만, 오랫동안 머리에만 남아 있는 지식이었다. 그런데 어느 날, 십자가 복음이 머리에서 가슴으로 내려왔다. 영화에서 본 예수님의 고난 장면, 십자가를 지고 채찍을 맞으며 언덕을 오르시는 모습, 손과 발에 못이 박히며 피를 흘리시는 장면이 떠올라 눈물이 흘렀다. '하나님은 자식을 내어 줄 정도로 나를 사랑하시는구나.'

그리스도 안에 있는 영원한 생명의 복음을 발견한 순간, 감사와 함께 사명감이 밀려왔다. 하지만 하나님께서 왜 아들을 내어 줄 정도로 우리를 사랑하셨는지 그 이유가 궁금했다. 그래서 성경을 여러 번 읽고, 말씀을 듣고, 훈련반에 꾸준히 참가하며 공부했다.

에베소서 1장 4~6절 말씀은 이렇게 말한다. '하나님께서는 세상이 창조되기 전에, 그리스도 안에서 우리를 선택하시고, 사랑으로 우리를 자기 앞에 거룩하고 흠이 없게 하시려고 정하셨습니다. 하나님께서는 그 기쁘신 뜻대로, 예수 그리스도를 통하여 우리를 자기의 자녀로 삼으시기로 예정하셨습니다. 그리하여 하나님께서 그의 사랑하시는 아들 안에서 우리에게 거저 주신 그 영광스러운 은혜를 찬양하게 하셨습니다.' (새번역 성경)

하나님은 천지를 창조하시기 전 나를 택하셨고 아무 조건 없이 나를 사랑하셨다. 내가 하나님을 거부하고 외면해도 창세전부터 예정된 자녀였기에 하나님의 때가 되었을 때 죽음의 자리에서 생명의 자리로 불러 주신 것이다. 이제 나는 창조주 하나님을 "아버지"라 부를 수 있는 자녀가 되었다.

"영접하는 자 곧 그 이름을 믿는 자들에게는 하나님의 자녀가 되는 권세를 주셨으니 이는 혈통으로나 육정으로나 사람의 뜻으로 나지 아니하고 오직 하나님께로부터 난 자들이니라"
- 요한복음 1장 12~13절

성경을 계속 읽다 보니 하나님께서 인간의 죄 문제와 예수님을 통한 구원의 길을 예정하시고 창조를 시작하셨다는 것도 알게 되었다. 성경 전체는 예수 그리스도를 중심으로 하나님의 구원 역사를 이끌어가는 거대한 이야기이며, 구약의 예언자들을 통해 예고되었고, 부활하신 예수님께서 엠마오로 가는 제자들에게 친히 말씀하셨다.

"이에 모세와 모든 선지자의 글로 시작하여
모든 성경에 쓴 바 자기에 관한 것을 자세히 설명하시니라"
- 누가복음 24장 27절

이제 나는 궁금해졌다. 하나님께서는 왜 인간을 지으셨을까? 아들의 십자가를 예정하시면서까지 말이다.

"이 백성은 내가 나를 위하여 지었나니
나를 찬송하게 하려 함이니라"
- 이사야 43장 21절

하나님의 영광과 찬송을 위해 지어진 내가 그동안 나의 영광만을 위해 살았다는 것이 부끄러워 회개가 터져 나왔다. 창조의 목적을 알고 나서 나는 다시 성경 창세기로 돌아갔다. 성경을 읽으면서 말씀으로 지어진 세상은 경이로웠고, 하나님께서 사람을 하나님의 형상대로 지으셨다는 것은 내게 깊은 울림이 되었다.

"여호와 하나님이 땅의 흙으로 사람을 지으시고
생기를 그 코에 불어 넣으시니 사람이 생령이 되니라"
- 창세기 2장 7절

하나님은 사람을 하나님의 형상대로 당신과 교통하는 존재로 지으셨다. 그러나 인간은 사탄의 유혹에 넘어가 하나님의 금지 명령을 어기고 불순종의 죄를 범했다. 에덴의 삶은 깨졌고, 고통과 저주의 현실이 시작되었다. 그런데도 하나님은 그들을 벌하시되 사랑으로 옷 입히셨다. 짐승의 가죽옷은 하나님의 사랑인 동시에 원시 복음이 선포되었다.

"…여자의 후손은 네 머리를 상하게 할 것이요
너는 그의 발꿈치를 상하게 할 것이니라"
- 창세기 3장 15절

이 말씀을 처음 들었던 날, 마귀의 음성에 눌려 두려움에 떨고 있던 내게 목사님은 이렇게 말씀하셨다. "로마서 8장 1절과 2절 말씀을 붙들고 기도하세요. 마귀는 정죄하지만, 하나님은 결코 정죄하지 않으십니다." 그리고 보혈 찬양을 부르며 함께 기도해 주셨다. 이 복음은 내게 다시 살아갈 용기를 주었고, 죄의 굴레를 끊어주는 구원의 능력이 되었다.

하나님은 창세기부터 요한계시록까지 단 한 번도 우리를 포기하신 적이 없다. 노아에게 무지개로 약속하셨고, 아브라함에게는 하늘의 별처럼 자손을 주겠다고 하셨다. 결국 그 약속은 예수 그리스도 안에서 완성되었고, 그분의 십자가는 하나님 사랑의 절정이 되었다.

"하나님이 세상을 이처럼 사랑하사 독생자를 주셨으니 이는
그를 믿는 자마다 멸망하지 않고 영생을 얻게 하려 하심이라"
- 요한복음 3장 16절

구원은 어려움과 위험에 빠진 인간을 건져내는 하나님의 손길이다. 죄 가운데 죽을 수밖에 없는 인간을 향해 하나님은 아들의 생명을 내어 주시기까지 구원의 길을 열어주셨다.

"아들을 믿는 자에게는 영생이 있고
아들에게 순종하지 아니하는 자는 영생을 보지 못하고
도리어 하나님의 진노가 그 위에 머물러 있느니라"
- 요한복음 3장 36절

"…사람들에게는 영원을 사모하는 마음을 주셨느니라…"
- 전도서 3장 11절

나는 이 말씀 앞에서 깊은 눈물을 흘렸다. 딸의 투병과 나의 고통

속에서 헤매고 있을 때 하나님은 나에게 찾아오셨다. 내가 아직 죄인 되었을 때 하나님은 나를 위하여 십자가에서 죽으셨다.

"내가 너를 내 손바닥에 새겼고
너의 성벽이 항상 내 앞에 있나니"
- 이사야 49장 16절

"…내가 지었은즉 내가 업을 것이요 내가 품고 구하여 내리라"
- 이사야 46장 4절

"…두려워하지 말라 내가 너를 구속하였고
내가 너를 지명하여 불렀나니 너는 내 것이라"
- 이사야 43장 1절

"내가 너를 모태에 짓기 전에 너를 알았고
네가 배에서 나오기 전에 너를 성별하였고…"
- 예레미야 1장 5절

생명의 근원은 하나님에게서 나오기 때문에 아기가 태어나는 것은 하나님의 선물이다. 엄마의 자궁에 있는 태아는 탯줄을 통해 가장 좋은 영양분과 산소를 공급받고, 그곳을 통해 노폐물을 배출하며, 정서적 교류가 이루어진다. 이렇게 형성된 생명은 단순한 육체가 아닌 인격체로 자라난다. 그 모습은 생명의 근원인 하나님의 품 안에 있는 우리와 닮았다.

태아는 세상 밖으로 나오면서 탯줄이 끊어진다. 이제는 스스로 젖을 구하고, 아픔을 표현하며, 보호를 요구해야 한다. 그러나 탯줄이 끊겼다고 해서 부모의 사랑이 끊어지는 것은 아니다. 오히려 그 사랑은 더 깊어진다. 나도 부모가 되어 보니 자식이 아프면 내 가슴은 찢어질 듯 더 아프고, 자식이 기쁘면 나는 기뻐 춤춘다.

하나님도 마찬가지다. 아담과 하와가 죄를 범해 동산 밖으로 쫓겨났을 때는 가죽옷을 입혀 수치심을 가려주셨고, 하나님을 떠난 백성을 향하여 선지자들을 보내 끊임없이 돌아오라고 외치셨다. 마지막에는 독생자 예수 그리스도를 대속물로 내어주시기까지 하셨다. 창세전부터 계획하신 그 약속을 변함없이 지키신 것이다. 하나님은 '사랑의 하나님'이시다.

누가복음 15장 탕자의 비유에서 나는 하나님의 아버지 되심을 더욱 깊이 이해하게 되었다. 살아 있는 아버지에게 유산을 요구하고, 그 재산을 모두 허비한 둘째 아들은 가난과 배고픔 속에서 아버지를 그리워하며 돌아온다. 아버지는 그 아들을 멀리서 보고 달려가 껴안고, 좋은 옷과 신발을 입히고 잔치를 베풀며 그를 기쁘게 맞이한다.

나도 부모가 되어 보니 그 마음이 이해된다. 자식은 나의 분신 같아서 보기만 해도 사랑스럽고, 항상 시선이 머문다. 집을 나간 자식이 돌아오기만을 매일 문 앞에서 기다리는 것이 부모의 마음이다. 초라한 모습으로 돌아와도 따뜻한 밥을 짓고 포근한 이불을 펴주는 사람이 부모다. 미우나 고우나 내 자식이기에 품고, 감싸고, 책임지는 것이다.

하나님도 그러하시다. 우리를 지으시고, 방치하지 않으시며, 시작하신 분이기에 끝까지 책임지신다. 죄로 인해 멀어진 우리를 다시 품기 위해 독생자를 십자가에 못 박으시기까지 하셨다. 단 한 사람도 낙오 없이 구원하시려는 그 간절한 사랑이, 예수님의 재림이 더디게 느껴지는 이유이기도 하다. 하나님은 모든 사람이 회개하고 돌아오기를 오래 참고 기다리신다.

"주의 약속은 어떤 이들이 더디다고 생각하는 것 같이
더딘 것이 아니라 오직 주께서는 너희를 대하여
오래 참으사 아무도 멸망하지 아니하고
다 회개하기에 이르기를 원하시느니라"
- 베드로후서 3장 9절

"하나님은 모든 사람이 구원을 받으며
진리를 아는 데에 이르기를 원하시느니라"
- 디모데전서 2장 4절

성경은 우리에게 영생이 있음을 알게 하고 모든 열방이 하나님을 예배하고 순종함으로 하나님의 영광을 나타내도록 이끈다. 이는 단지 한 민족을 위한 이야기가 아닌 인류와 모든 피조물을 향한 하나님의 선교이며, 자비와 긍휼, 사랑이 흐르는 이야기이다. 이 복음은 사람답게 살게 하는 하나님의 선물이고, 우리 삶의 방향서이다.

"이것이 온 세계를 향하여 정한 경영이며
이것이 열방을 향하여 편 손이라 하셨나니"
- 이사야 14장 26절

3장

전도 이야기

가족 전도 – 사랑으로 시작된 사명

서 권사님이 나에게 해주신 명언이 있다. "가족과 지인 전도는 노방전도하고는 달라서 내 이름을 지우고 '나 죽었소' 하고 살아야 해요. 밀알이 썩어야 싹이 나서 많은 열매가 맺히듯이 화나는 일이 있어도 참고, 내 곳간 문을 열어 물질도 먼저 쓰고, 끊임없이 기도하며, 아기처럼 사랑으로 대해줘야 해요. 전도는 베푸는 것부터 시작하고, 하나님은 항상 내 편이라는 것만 기억하세요."

이 말은 단순한 충고가 아니었다. 권사님은 내게 전도는 생명을 건 사랑의 실천이라는 것을 온몸으로 보여 주셨다. 나는 그 말씀을 마음에 새겼다. 신앙과 삶에서 본이 되며, 나에게 족집게 과외처럼 복음의 본질을 일깨워주는 명강사이기에 그분의 말 한마디 한마디는 내 삶을 흔들어 깨우기에 충분했다.

한때 나는 교회를 거부하던 사람이었다. 그러나 어느 때부터 '가족 구원'이라는 말이 심장을 찔렀고, 눈물이 되어서 기도로 흘러나왔다. 생명의 복음을 오래 듣고서도 전하지 않았던 나 자신이 부끄러웠고, 동시에 내게 복음을 나누지 않았던 이들에 대한 원망이 마음 한구석에 자리했다. 그러나 사랑과 복음의 핵심이 빠진 관계 전도는 결코 열매를 맺을 수 없다는 사실을 곧 깨달았다.

"내가 내게 있는 모든 것으로 구제하고 또 내 몸을 불사르게 내줄지라도 사랑이 없으면 내게 아무 유익이 없느니라"
- 고린도전서 13장 3절

복음은 단지 지식이 아니었다. 머릿속에만 머물던 복음이 가슴으로 내려와 빛이 되자, 어둠 속에 감춰졌던 나의 죄악들이 하나둘 떠올랐다. 회개하지 않을 수 없었다. 죄는 단지 행동으로 짓는 것만이 아니었다. 하나님을 부인하고 내가 주인이 되어 살았던 삶 자체가 죄였고, 그 속에서 미움과 욕심, 분노와 다툼이 쉴 새 없이 일어나고 있었음을 깨달았다. 어둠에 있을 때는 죄가 죄였는지도 몰랐다. 그러나 복음의 빛이 들어오니 그동안, 마치 물 밖의 물고기처럼 생명을 잃은 채 살았던 나를 보게 됐다. 그렇게 하나님의 사랑은 나를 깨우셨다. 만물의 주인이신 그분이 먼저 다가오시고, 아들의 피로 나를 용서해 주시며, 구원의 길을 여시고 아버지가 되어 주셨다. 어찌 이보다 더 복된 소식이 있을까!

"너희는 그 은혜에 의하여 믿음으로 말미암아 구원을 받았으니 이것은 너희에게서 난 것이 아니요 하나님의 선물이라 행위에서 난 것이 아니니 이는 누구든지 자랑하지 못하게 함이라
- 에베소서 2장 8~9절

'죽음 이후'라는 주제로 설교를 들었을 때, 가장 먼저 떠오른 얼굴은 가족이었다. 언젠가 모든 사람은 첫 번째 죽음 이후, 하나님의 심판대 앞에 서게 될 것이다. 그 앞에서 생명책에 이름이 기록된 자와 그렇지 않은 자, 구원받은 자와 영원한 멸망을 맞이할 자가 나뉘게 된다는 진리는 내게 가장 큰 두려움이자 가족 구원의 동기였다.

> "누구든지 생명책에 기록되지 못한 자는 불못에 던져지더라"
> - 요한계시록 20장 15절

그래서 나는 복음을 '선택 사항'이 아닌 벼랑 끝에 선 사람에게 외쳐야 할 '생명의 길'이라고 생각했다. 하나님은 나를 그 복음의 씨앗으로 보내셨고, 한 가정의 복음 전도자로 세우셨다. 이제 나는 그 사명을 붙든다. 누군가가 나를 통해 예수님을 만나고, 하나님의 자녀로 살아가게 될 그날을 위해, 오늘도 복음을 심는다.

하나님의 선물 - 손녀

딸을 생각하면 모든 고통이 나로 인해 시작된 것 같아 마음이 아프다. 하지만 그보다 더 큰 은혜는 딸이 그 아픔을 묵묵히 견뎌주었다는 사실에서 오는 감사였다. 오히려 내가 딸에게 위로를 받았고, 하나님을 만나게 된 복의 통로가 되었다. 딸이 아니었다면 나는 어떤 길로 하나님을 만났을까, 어떤 계기로 주님을 알게 되었을까? 생각하게 된다.

만약 하나님께서 나를 택하지 않으셨다면 나는 죄가 죄인 줄도 모르고 살다가 결국 하나님의 심판대 앞에 서서 영원한 고통의 문으로 들어가게 되었을 것이다. 그런 생각을 할수록 자녀를 믿음 안에서 일찍 양육하지 못한 지난 시간이 후회로 남는다. 나는 늘 마음속으로 외쳤다. '자식도 아픔과 고통을 잘 이겨내는데 엄마가 무너지면 안 되지.' 하지만 돌아서기만 하면 눈물이 먼저 흘러내렸다.

딸과 나는 교회에 조금씩 적응해 갔고 함께 기도하기 시작했다. 훈련반에도 참가하고 마침내 세례도 받았다. 복음반 수업 시간, 딸의 간증 시간에 "나는 죽는 줄 알았다."라는 말을 듣고 얼마나 울었는지 모른다. 딸도 내 간증을 들으며 울었다. 그동안 서로 눈물조차 보이지 않으려 애썼던 시간이 스쳐 지나갔다.

사위를 생각하면 마음이 뭉클하고 아프다. 사위는 2017년 딸과 결혼하기 전, 간경화를 앓고 있던 고모부에게 간 70%를 기증했다. 부모도 아닌 고모부를 위해 그렇게 큰 결심을 했다. 그 수술은 말리지 않을 수 없을 만큼 위험한 대수술이었다. '요즘 세상에 자신의 생명을 내어주는 사람이 있을까. 부모님과 얼마나 많은 고민과 상의를 했을까?' 청년의 결단을 존경했다. 그의 결정은 이미 내 마음에 깊은 인상을 남겼다.

수술 후, 사위는 직장을 그만두었고, 회복까지 1년이 넘는 시간이 필요했다. 소화 기능도 약해져 아무 일도 하지 못했지만, 딸은 늘 그 곁을 지켜주었다. 그리고 얼마 지나지 않아 딸이 병을 얻었을 때 사위는 딸 곁에서 든든한 버팀목이 되어 주었다. 서로 몸이 온전치 않아 힘들었을 텐데도 부모 앞에서는 힘든 내색을 하지 않았다. 그 모습을 보며 내 마음이 너무 아팠다. 그때부터 사위를 위한 기도를 시작했다. 눈물은 참 오랫동안 흘러나왔다.

당시는 내가 예수님을 믿기 전이라 그저 걱정하고 근심하는 것밖에 아무것도 해줄 수 없었다. 하지만 지금은 기도의 힘을 믿고 기도로 도와줄 수 있음에 감사할 뿐이다. 기도 중에 하나님께서 내게 감동을 주셨다.

'이 아이, 네가 사랑하면 안 되겠니? 너였으면 좋겠다.'

그 음성이 마음에 깊이 박혔다. 하나님의 마음이 느껴졌고, 주님께서 이 가정을 책임지신다는 확신이 들었다. 그래서 사위에게 편지를 전했고, 그 마음이 닿았는지 그 후로 한동안 우리 교회에 등록해 다녔다. 하나님의 사랑이 사위를 향해 흐르고 있었다. 사위에게 성경책 두 권을 선물했다. "한 권은 아버지께 드려, 언젠가 펼쳐 보시겠지." 나는 그렇게 하나님의 씨앗을 뿌렸다.

2021년 10월, 결혼식이 다가왔을 때였다. 하나님께서 내게 결혼식 축사를 쓰라는 감동을 주셨다. 처음에는 믿기지 않았다. '설마 내가? 잘 못 들었겠지.' 그런데 다음 날, 남편이 내게 "당신이 축사 좀 써 줘요."라고 말하는 것이 아닌가. 하나님이 맞구나! 잔잔한 울림이 있는 축사가 되길 간절히 기도하며 아이들의 러브 스토리를 써 내려갔다.

보육원 봉사에서 처음 만나 사랑을 키우고, 서로의 어려움 속에서 더욱 단단해진 그들의 이야기를 전했다. 외모와 배경이 아닌 진심과 섬김으로 서로를 선택한 이들이 자랑스러웠다. 성경 속 결혼의 의미와 하나님의 축복도 함께 전했다. 누군가는 그 축사를 듣고 마음이 울컥했다고 전했다.

결혼을 준비하며 신혼집이 적절한 시기에 마련되었고, 예상한 만큼의 하객이 모여 큰 어려움 없이 결혼식을 마칠 수 있었다. 코로나19 시기였음에도 모든 것이 하나님의 은혜였다. 결혼식 전날, 나는 전도하러 나갔다. 누군가는 나를 보며 '저 사람, 교회에 미쳤구나!' 하고 생각했을지도 모른다. 하지만 나는 너무나 평안했다. 이 평안이 하나님이 주시는 평강이라는 것을 알았다. 나 자신도 생각했다. '이젠 나도 예수쟁이구나.'라고.

"우리가 만일 미쳤어도 하나님을 위한 것이요
정신이 온전하여도 너희를 위한 것이니"
- 고린도후서 5장 13절

그리고 2022년 8월, 광복절에 하나님은 예쁜 손녀를 선물로 주셨다. 이름만 불러도 가슴이 따뜻해지는 손녀는 하나님의 사랑이 가시적으로 나타나는 선물이었다.

"…네 땅에 때를 따라 비를 내리시고
네 손으로 하는 모든 일에 복을 주시리니…"
- 신명기 28장 12절

나는 가정예배를 드릴 수 있기를 기도한 적이 있다. 명절을 맞아 딸네 가족이 코로나19로 우리 집에 머무르며 처음으로 함께 가정예배를 드리게 되었다. 하나님은 그 기도를 기억하셨고, '왜 예수님이 오셨는가?'를 나눌 수 있는 주제까지 기도 중에 생각나게 하셨다.

"여호와를 경외하며 그의 길을 걷는 자마다 복이 있도다
네 집 안방에 있는 네 아내는 결실한 포도나무 같으며
네 식탁에 둘러앉은 자식들은 어린 감람나무 같으리로다"
- 시편 128편 1절, 3절

몇 년 동안 눈물로 기도하며 사랑으로 섬겼던 이 가정이 다시 하나님 품으로 돌아왔다. 2024년 8월, 사돈의 갑작스러운 장례를 계기로 딸과 사위 그리고 손녀가 함께 주님께로 나아오게 되었다. 그 여정은 아팠지만, 하나님께서 그 모든 시간을 사랑으로 덮어주심이 느껴졌

다. 사위는 우리 부부에게 감사의 마음을 담은 글을 보내왔다. 하나님의 사랑이었다. 시냇가에 심은 나무처럼 날마다 주님과 동행하며 복된 열매를 맺는 가정이 되기를 간절히 기도하고 있다.

나의 은인 - 서 권사님

서 권사님과의 인연은 30년 전으로 거슬러 올라간다. 당시 나는 직업소개소를 운영하고 있어 아이들을 돌봐 줄 분을 찾고 있었다. 한동네에 살던 서 권사님이 사무실로 들어오셨다. 아이 돌보는 가정을 찾고 있다고 하셨다. 첫눈에 마음이 가서 갓난아기였던 내 아이들을 권사님께 맡겼다. 이후로 10년 동안 한결같은 사랑과 기도로 아이들을 키워 주셨다.

'남의 손에 자란 아이는 버릇이 없다.'라는 말을 들을까 봐 그분은 자기 자식 이상으로 내 아이들을 사랑하며 정성껏 길러 주셨다. 아이들을 위해 기도하며 성경 말씀을 들려주시고, 우리 아이들을 데리고 오래도록 구역 모임에도 참석하셨다. 그 덕분에 아이들은 어릴 때부터 신앙 안에서 사랑받으며 자랐다. 지금도 그 시절의 구역 식구들과 함께했던 따뜻한 기억을 아이들은 잊지 않고 있다. 그 기억들은 신앙이 삶의 토대가 된다는 것을 어릴 때부터 믿음 안에 심겨야 함을 알려주었다.

딸과 내가 병을 앓고 힘들어하던 시절, 서 권사님은 교회에서 만나는 성도마다 우리 가정을 위해 기도해 달라고 부탁하셨다. 내가 아프면 딸과 아들은 권사님께 전화를 걸어 눈물을 터뜨릴 정도로 그분은 우리 가족에게 진정한 어머니 같은 존재였다. 군 복무 중이던 아들도 권사님이 보고 싶다며 직접 전화를 걸었을 정도이니 그 사랑의 깊이를 짐작할 수 있다. 후에야 들은 이야기지만, 우리 가족을 위해 30년 동안 기도하셨다고 하셨다. 그 마음의 사랑은 헤아리기가 어려울 정도이다. 지금은 서로의 기도를 나누는 영적 동역자가 되었다.

신앙을 갖기 시작하면서 권사님께 많은 의지를 했다. 권사님께서 당신의 손녀를 양육하게 되어 당분간 교회에 출석하지 못한다고 하셨을 때, 혼자서 교회에 잘 적응할 수 있을지 두려움이 있었다. 그런데 권사님은 3년 동안 매일 나에게 전화하며 신앙과 인생을 조곤조곤 가르쳐 주셨다. 신앙의 선배로서, 인생의 어른으로서 나를 복음 전도자로 세워가기 위해 쉼 없이 다듬고 세워 주셨다.

영적인 고민이 생기면 내 상태를 함께 점검해 주셨고, 신앙 성장을 위해 훈련반을 추천하시며 늘 기도해 주셨다. 교회 공동체 안에서 어떤 마음을 품어야 하는지, 복음의 씨앗을 어떻게 뿌려야 하는지 알려

주셨다. 무엇보다도 태어날 때부터 약했던 권사님의 손녀를 사랑과 기도로 돌보셔서 3년 만에 하나님 앞에 건강하게 세워 올리셨다. 정작 본인은 '내가 한 것이 아니라 하나님이 다 하셨다.'라며 모든 영광을 하나님께 돌리셨다. 그 헌신을 통해 나와 당신 손녀뿐 아니라 권사님의 주변 지인과 친척까지 복음을 듣게 되었고, 그 열매가 여기저기에서 맺히는 것을 직접 보았다.

권사님의 신앙을 보며 나도 마음을 다잡게 되었다. 딸네 집에 손녀를 돌보러 갈 때마다 이 가정이 하나님의 가정이 되고 손녀가 신앙 안에 자라나도록 전도하는 마음으로 간다. 지금은 어린이집에 다닐 정도로 잘 자라서 유아 찬양을 들으면 스스로 춤을 추고, 기도할 때는 두 손을 모으고 조용히 '아멘'을 따라 하는 아이가 되었다.

손녀가 모태에 있을 때부터 매일 하나님 안에서 자라게 해 달라고 기도했다. 그리고 3년 후, 손녀는 혜성교회 영아부에 등록하게 되었다. 하나님의 응답이 아니고서는 설명할 수 없는 은혜였다. 손녀는 내게 "하나님 최고야!"라고 말한다. 이 아이는 하나님의 품 안에서 자라 어느 날엔가 큰 나무가 되어 하나님 나라를 흔들어 깨울 사람으로 자라날 것이라고 믿는다.

아프리카 속담에 한 아이를 키우는 데 온 마을이 필요하다는 말이 있다. 아이 하나가 바로 서기 위해서는 가정, 마을, 학교, 교회가 모두 함께 해야 한다. 그만큼 다음 세대를 양육하는 일은 중요하다. 아이들은 하나님의 기업이다. 전도와 양육, 그것은 하루아침에 이루어지는 일이 아니다. 어른 한 명의 믿음과 오랜 시간의 헌신, 24시간의 돌봄과 기도가 필요하다. 그래서 다음 세대를 향한 전도는 특별하다. 수고의 깊이와 사랑의 농도가 다르다.

교회가 다음 세대를 고민해야 하는 이유가 바로 여기에 있다. 잘 세워진 아이 한 명이 많은 생명을 주님께 돌아오게 할 수 있는 하나님의 기업이기 때문이다. 손주를 양육하는 일이 힘들게 느껴질 때도 있다. 그러나 하나님 나라를 위해, 이 나라와 민족을 위해, 자녀의 세대를 위해 하늘의 상급을 사모하며 전도의 기회로 여긴다면 이보다 보람된 일은 없을 것이다.

> "보라 자식들은 여호와의 기업이요,
> 태의 열매는 그의 상급이로다"
> - 시편 127편 3절

자식을 나눈 사돈 - 사랑의 편지, 생명의 열매

혼담이 오가고 예단을 준비하던 무렵, 바깥사돈에게 편지를 쓰라는 마음이 생겼다. 처음에는 무척 망설여졌으나 순종하는 마음으로 정성을 담은 편지를 예단과 함께 보냈다. 얼마 지나지 않아 사돈에게서 답장이 왔다. 마음을 쏟아내듯 적힌 그 편지에는 돌아가신 안사돈에 대한 애틋한 그리움과 가족을 향한 진심이 고스란히 담겨 있었다.

안사돈이 6개월 시한부 진단을 받고 그 충격으로 온 가족의 일상이 한순간에 무너졌지만, 안사돈의 기도 가운데 하나님은 그 생명을 6년이나 연장해 주셨고, 아이들이 성년이 될 때까지 함께할 수 있도록 은혜를 베푸셨다는 고백은 나의 마음을 뜨겁게 했다. 그리고 아들이 간이식을 위해 수술실로 들어갈 때, 부모의 고통은 말로 표현할 수 없었다는 사돈의 고백 또한 나의 고백처럼 다가왔다.

그 글을 읽는 내내 눈물이 멈추지 않았다. 생명의 주권자이신 하나님께서 간절한 기도에 응답하셔서 생명을 연장해 주셨다. 히스기야 왕이 죽음 앞에서 하나님께 눈물로 간구했을 때, 하나님께서 15년을 더해 주셨던 성경의 장면이 떠올랐다. 사돈네도 그와 같은 하나님의 사랑이 있었다. 그리고 그 기도는 내게 이어져 또다시 생명의 씨앗이 자라고 있다는 사실에 가슴이 뜨거워졌다.

> "여호와께서는 자기 백성을 버리지 아니하시며
> 자기의 소유를 외면하지 아니하시리로다"
> - 시편 94편 14절

2022년, 혜성교회의 '블레싱 축제' 날이었다. 편지를 쓰는 행사에 참여하고자 차 안에 앉아 있었는데 갑자기 사돈을 위한 눈물의 기도가 쏟아졌다. 무언가 힘든 일이 있으신 것 같았다. 체면이나 형식보다 사돈의 영혼이 너무나도 소중했기에 용기를 내어 편지를 썼다. 자식을 한 명씩 나누어 가족이 된 우리 관계는 너무나 귀했다.

사돈을 생각하며 기도할 때마다 하나님의 사랑이 느껴졌고, 눈물의 기도가 멈추지 않았다. 그 사랑을 외면할 수 없었기에 다시 편지를 썼다. 두 번째 보낸 편지의 일부를 요약하면 다음과 같다.

> "사돈 어르신,
> 작년 결혼식 이후 어느새 1년이 지났습니다.
> 새로운 생명이 태어났고, 가정에는 많은 변화가 있었지요.
> 무엇보다도 손녀의 출생이야말로
> 가장 큰 하나님의 선물이라 생각합니다.
> 안사돈의 기도가 얼마나 간절했는지 느껴졌습니다.

자녀들이 주님을 만나고
행복한 믿음의 가정을 이루며 살아가길 바라셨던 그 기도.
하나님은 그 기도를 기억하시고,
송 서방을 우리 가정의 가족으로 맺게 하셨습니다.
하나님은 사돈 가정을 사랑하십니다.
그분은 당신의 백성을 잊지 않으시고
눈물의 기도에 반드시 응답하십니다.
예수님을 통해 저는 세상의 눈이 아닌
하나님의 시선으로 사람을 보기 시작했고,
제 영혼은 살아났습니다.
그 은혜를 사돈 어르신께도 전하고 싶습니다.
신실하신 사랑의 하나님을 함께 믿으며
그 분의 값없는 생명수를,
구원의 손을 잡으시기를 청합니다."

편지 안에 말씀을 함께 적었다. 하나님은 언제든 부르면 만나주시는 분이시며 성경의 한 구절, 한 말씀도 헛되지 않게 하신다는 믿음이 있었기 때문이다.

"사랑하는 자여 네 영혼이 잘 됨같이
네가 범사에 잘되고 강건하기를 내가 간구하노라"
- 요한삼서 1장 2절

"…내가 곧 길이요 진리요 생명이니
나로 말미암지 않고는 아버지께로 올 자가 없느니라."
– 요한복음 14장 6절

손녀가 보고 싶을 때 언제든 찾아오시고, 함께 식사하고 웃으며 화목한 관계를 이어가자는 편지와 함께 선물, 말씀 액자를 동봉했다. 그리고 함께 드린 축복의 기도도 보냈다.

"모태에서부터 우리를 알고,
손바닥에 우리 이름을 새겨 지켜주시는 하나님.
백발이 되어도
'내가 너를 지었기에 끝까지 안고 품겠다' 하신
그 약속의 하나님께 감사드립니다.
사돈 가정을 위한 하나님의 사랑이
저의 눈물의 기도를 통해 전달되기를 소망합니다.
사돈아가씨 송○양이
세상 어디에 있든지 인정받고 사랑받는 사람 되게 하시고,
하나님께 보배로운 그릇으로 준비되게 하소서.
사돈 어르신께도 주님의 은총과 사랑이 넘치게 하셔서
이 땅에서 받지 못한 위로를 하늘로부터 받게 하옵소서.
이 가정에 건강과 물질의 복을 더하시고,
여호와를 기뻐하는 그 마음에 응답하셔서

마지막 날까지 주님과 동행하게 하소서.
예수님의 이름으로 기도드립니다. 아멘"

그렇게 눈물로 사돈을 위해 기도한지 3년이 되던 2024년 1월, 딸을 통해 들려온 소식은 내 마음을 뛰게 했다. "엄마, 시아버지께서 교회 다니시기 시작했어요." 그 말 한마디가 얼마나 기뻤는지, 심장이 쿵쾅거렸다.

그러나 그 기쁨은 오래가지 못했다. 2024년 8월, 사돈께서 갑작스러운 심정지로 소천하셨다는 소식을 들었다. 짧은 신앙생활이었지만, 7개월간 매주 빠짐없이 교회에 출석하셨다는 이야기에 교회가 사돈의 유일한 안식처였음을 알게 되었다.

장례의 모든 일정은 하나님의 은혜 안에서 진행되었고 복음 편지와 위로의 말씀, 사랑과 물질의 섬김을 통해 사위의 가족이 교회로 발걸음을 옮기게 되었다. 얼마 후 사돈아가씨로부터 하나님의 사랑이 느껴진다며 함께 신앙생활하고 싶다는 고백의 글이 왔다. 첫 예배를 우리 교회에서 함께 드리는데 감격은 이루 말할 수 없었다.

하나님께서 사돈 가정을 구원해 주셨다. 감사하고, 또 감사드린다.

"빛의 열매는 모든 착함과 의로움과 진실함에 있느니라"
- 에베소서 5장 9절

나의 영원한 친구 - 남편

내가 병들었을 때 가족이 있어 잘 이겨내고 버틸 수 있었다. 특히 남편은 가장 큰 버팀목이었다. 출근길마다 30분 간격으로 내 안부를 묻는 전화를 하던 남편은 일을 할 때도 신경은 나에게 있었다. 약을 먹으면 정신이 흐려지고, 마귀의 소리에 시달리던 내 모습은 나조차도 싫었다. 그는 나를 이해해 주고 감당해 주고 그 시간을 함께 견뎌 주었다.

남편은 퇴근하면 나를 부축해 산책하러 나가곤 했는데 그때 나는 간신히 15분쯤 걷고 벤치에 누워 숨을 돌린 뒤에야 다시 일어나는 것을 반복했다. 남편은 어느 날 "우리 교회 가보자."라고 말했다. 병중에도 그렇게 말하는 그에게 내 귀를 의심했다.

"정말, 교회에 가자고?" 믿기지 않아 되물었고, 그렇게 우리는 교회에 출석했다. 주일예배뿐 아니라 수요 예배와 금요 기도회까지 남편은 6개월간 나를 부축하며 동행해 주었다. 교회를 다녀오면 마음이 조금 편안해지는 듯했다. 그보다 몇 달 전, 환상을 하나 보았다. '여보, 나 교회 다녀.' 그 말이 왠지 모르게 슬펐고, 무언가 일이 생긴 뒤에 남편이 교회를 나오게 될 거라는 예감이 들었다. 조용히 마음에 담아두고, 그가 교회에 나올 수 있기를 기도했다. 한동안 권유도 해보았지만, 그는 고개를 저었다. 그러나 결국, 내 병을 통해 하나님은 그를 이끄셨다. 비록 과정이 좋지는 않았지만, 그것 또한 하나님의 계획 속에 있었고, 기도의 응답은 분명했다. 아픔 속에서도 감사할 수밖에 없었다.

"그러나 내가 가는 길을 그가 아시나니
그가 나를 단련하신 후에는 내가 순금같이 되어 나오리라"
- 욥기 23장 10절

그 시절 나는 저녁 잠자리에 들기 전에 늘 기도했다. "하나님, 저 살고 싶습니다. 아이들 결혼하는 것 보고 싶고, 자식들에게 정신 이상자 미친 엄마로 기억되는 건 너무 싫어요. 저 좀 구해주세요." 절박함이 가득한 기도 속에서 하나님의 응답은 침묵하신 것처럼 느껴졌다. 그런데 하나님은 많은 성도의 기도를 통해 일하고 계셨다. 시간이 지나면서 두려움은 조금씩 사라졌고, 얼마 지나지 않아서 마귀의 음성도 들리지 않았다.

결혼 30주년을 맞은 2021년 봄, 남편과 제주도 여행을 떠났다. 그곳에서 남편이 조용히 고백했다. "당신이 아플 때 큰 바위로 머리를 맞은 것처럼 충격적이었어. 너무 무서워서 차라리 내가 죽고, 당신이 살았으면 하고 기도했어. 직장도 휴직하고, 명예도 내려놓고 당신 옆에 있기로 결심했는데 고생만 하게 해서 미안해. 그런데 당신에게서 생명력을 보았어." 나는 눈물을 흘리며 말했다. "당신이 본 그 생명력은 내 안에 계신 예수님의 생명이었어."

"도둑이 오는 것은 도둑질하고 죽이고 멸망시키려는 것뿐이요
내가 온 것은 양으로 생명을 얻게 하고
더 풍성히 얻게 하려는 것이라"
- 요한복음 10장 10절

며칠 뒤, 교회 훈련반 수업에서 '배우자 발 씻기'라는 과제를 했다. 처음엔 단순한 실천이었지만, 남편의 발을 씻기며 마음이 울컥했다. 거칠고 단단한 발에는 세월의 흔적이 고스란히 묻어 있었다. 젊은 날부터 쉼 없이 달려온 시간, 가족을 위해 묵묵히 견뎌낸 세월. 그 삶이 묵은 각질과 함께 남편의 발에 묻어 있었다. 인생을 담은 그 발을 씻으며 마음속 깊은 곳에서 기도가 흘러나왔다. '우리의 발이 주님과 동행하는 '아름다운 발'이 되기를….'

그날, 남편에게 편지를 썼다.

〈당신에게〉

당신의 발을 씻으며 한 번도 생각해 보지 못한 것을 많이 떠올렸

어요. 결혼 30주년 여행 중 당신의 고백을 들으며, 나는 마음 깊이 울었어요. 내가 아팠던 시간, 당신이 어떻게 견뎠는지 …. 당신만 담으면 된다며 나의 사진을 정성껏 찍어주는 그 모습에 얼굴은 웃고 있었지만, 내 마음은 울었어요. 서로 기대어 찍은 뒷모습의 사진을 보면서 한 사람이 사라진 그 자리를 상상해 보니 눈물이 멈추질 않더군요. 청춘을 따라갈 수 없지만, 청춘보다 더 아름다운 믿음으로 하나님을 향해 가요. 세상 명함은 없어도 우리는 하나님의 자녀라는 영원한 명함을 갖고 있으니 얼마나 복된 삶입니까? 당신의 구두를 닦으면서 가는 곳마다 향기 나는 사람이 되게 해 달라고 기도하고 있어요. 고맙고, 수고했고, 사랑해요.

〈남편을 위한 기도〉
주님, 제게 꼭 맞는 남편을 보내주셔서 감사합니다.
주님의 손을 놓았던 지난 시간을 회복하게 하시고,
늘 주님과 동행하는 자로 세워 주옵소서.
시냇가에 심은 나무처럼 철 따라 열매 맺게 하시고,
가정의 머리로서 믿음의 리더가 되게 하소서.
어디서든 인정받고 본이 되며,
주님의 향기가 나는 삶을 살게 하소서.
겸손히 섬기고 그리스도를 닮아가는 은혜의 사람이 되게 하소서.
예수님의 이름으로 기도드립니다. 아멘.

2023년 봄, 남편은 임금피크 직전 나를 회사 근처 식당으로 초대했다. 식사 후 남편 사무실에 잠시 들렀다. 고층 빌딩에서 내려다본 도시는 화려했다. 하지만 나는 그 자리에서 진짜 빛나는 것이 무엇인지 깨달았다. 35년을 성실히 달려온 남편의 발걸음 그리고 우리를 흙으로 빚으신 하나님. 명함을 버린 그날, 우리는 더 귀한 '하나님의 자녀'라는 이름을 붙잡았다. 세상의 직분은 사라질지라도 이 명함은 영원하다.

"여호와는 가난하게도 하시고 부하게도 하시며
낮추기도 하시고 높이기도 하시는도다"
- 사무엘상 2장 7절

2023년 5월, 혜성교회 어린이날 행사에서 내가 쓴 동화가 애니메이션으로 상영되었고, 온 가족이 교회를 찾았다. 그날 우리는 가족사진을 함께 찍었다. 우리의 겉모습은 예전과 많이 달라져 있었지만, 그 안에는 더 깊은 사랑과 감사를 담고 있었다. 절망의 시간 속에서 주님은 우리의 눈물을 닦아주셨다. 손녀가 처음으로 하나님의 성전에 발을 딛던 그날, 나는 마음속으로 조용히 고백했다.

"그들이 눈물 골짜기로 지나갈 때에 그곳에 많은 샘이 있을 것이며 이른 비가 복을 채워 주나이다"
- 시편 84편 6절

아들의 눈물

우리 가정에 두 번의 폭풍이 지나갈 때, 아들의 눈물을 잊을 수가 없다. 엄마가 무너지는 충격은 아들의 삶에서 견디기 힘든 시간이었을 것이다. 이 일로 인해 혹시 하나님을 부정적으로 생각할까 봐 아들을 위해 더 기도했다. 아들은 기독교에 대한 거부감이 컸다. 그 모습은 과거의 나와 닮았다. 그래서 더욱 눈물로 기도했다. '주님, 아들이 주님을 인격적으로 만나게 해 주세요. 복음을 받아들일 수 있는 상황을 열어 주세요.' 나는 집 안에서 더 밝고 따뜻하게 신앙의 본이 되는 삶을 살려고 애썼다. '하나님이 어떤 분이신지, 예수님을 왜 믿어야 하는지, 믿고 나서 어떻게 내가 변화되었는지….' 삶으로 보여주고 싶었다.

2023년 어버이날에는 마음을 먹고 아들과 마주 앉았다. 전도하면서 이렇게 떨렸던 적은 없었다.

"엄마가 하고 싶은 얘기가 있어. 끝까지 들어줄래? 그리고 나중에 엄마 책이 나오면 꼭 읽어줘."

훈련반에서 배운 복음 전문을 토대로 조심스럽게 말을 이어갔다.

"삶의 만족도를 1에서 10으로 하면 너는 몇 점 정도라고 생각해?"

"음…. 7~8점쯤?

"높네! 그럼, 나머지 2~3점은 무엇으로 채울 수 있을까?"

'음…. 잘 모르겠어요."

"하나님이 너의 인생에 개입하신다면 만족도는 어떻게 될까?"

"솔직히, 별로 변하지 않을 것 같아요."

"그래, 그럴 수도 있지. 그럼 만약, 네가 죽고 하나님 앞에 섰을 때 '왜 내가 너를 천국에 들여보내야 하느냐'라고 물으신다면, 뭐라고 답할래?"

잠시 침묵하더니,

"잘 모르겠어요."라고 대답했다.

"음…. 엄마도 처음 그 질문을 들었을 때 당황했어. 생각해 본 적이 없었거든. 그런데 너도 알다시피 엄마는 교회 다니고 나서 많이 밝아졌잖아."

나는 지난 시간을 조심스럽게 꺼냈다.

"외할머니를 찾아뵙고 할머니의 병세가 깊어져 잠만 주무시고 하루하루 연명하시는 모습을 보고 많이 울었어. 누구도 자신의 마지막이 그렇게 될 거라 상상하지 못하잖아. 눈으로 보면 슬픈 인생이지만, 엄마가 전도해서 할머니가 마지막에 구원을 받고 천국에 갈 수 있게 된 건 정말 다행이야. 이 세상이 전부가 아니니까."

나는 처음으로 죽음을 가까이에서 마주했을 때, 그 공포가 얼마나 컸는지 아들에게 털어놓았다.

"그때 처음으로 나 자신이 나약한 존재라는 걸 깨달았어. 내 힘으로는 아무것도 할 수 없다는 것. 그래서 마지막이라 생각하고 하나님을 부르게 됐어."

놀랍게도 나와 딸은 6개월 만에 회복되는 기적을 경험했고, 그 후 하나님이 어떤 분인지 더 알고 싶어졌다고 아들에게 말했다.

"전능하신 하나님이 보잘것없는 나를 찾아와 '너는 내 것'이라고 말씀하시는 거야. 그 사랑을 느끼는 순간, 마음이 편안해지고 두려움이 사라졌어. 그래서 지금 엄마는 이렇게 기쁘게 살아가는 거야."

나는 아들에게 왜 전도하는지를 말했다.

"우리나라는 종교의 자유가 있지만, 복음은 단지 종교가 아니야. 영원한 생명을 위한 진리니까. 사람들이 진리를 몰라서 멸망하는 걸 보고만 있을 수 없으니까."

그러다 내가 울컥하며 말한 이야기가 있었다.

"너도 알지? 엄마가 죽으려고 강변북로로 향했을 때 네가 나를 붙잡아 줬잖아. 맨발로 도로 위를 달려갈 때도 두 번이나 나를 안아준 사람은 너였어. 그때 하나님은 네 손을 통해 나를 붙들어 주셨어. 이모에게 들었는데 네가 이모에게 가서 그 일이 너무 충격적이라 잊을 수 없다고 울면서 말했다며. 정말 미안하고, 고맙다."

나는 복음의 핵심을 이야기했다.

"하나님은 우리를 너무 사랑하시지만, 공의로운 분이시기에 죄는 반드시 심판하셔야 해. 그래서 예수님이 우리의 죄를 대신 지고 십자가에서 죽으신 거야. 그리고 부활하셨어. 지금 예수님은 네가 하나님 품으로 돌아오기만을 기다리고 계셔."

나는 비유를 들어 설명했다.

"만약 너랑 엄마가 배를 타고 가다 풍랑을 만나 배가 부서졌어. 구조선이 구명조끼를 하나 던졌는데, 한 사람밖에 못 입는 거야. 너라면 어떻게 할래?"

"엄마랑 같이 입고 싶어요."

"한 사람만 입을 수 있어. 엄마는 너를 먼저 살릴 거야. 왜냐하면 엄마는 구원받았기 때문에 지금 죽어도 천국에 갈 수 있어. 그런데 너는 아직 아니잖아. 그래서 엄마는 네가 꼭 예수님을 이 땅에서 만나기를 바라고 기도하고 있어."

아들은 말없이 고개를 끄덕였다.

"악수 한번 하자."

나는 아들의 팔목을 잡았다.

"엄마 손이 예수님 손이야. 네가 살면서 예수님 손을 놓칠 때도 있겠지만, 예수님은 절대 네 손을 놓지 않으셔, 꼭 기억해."

"내가 그들에게 영생을 주노니 영원히 멸망하지 아니할 것이요
또 그들을 내 손에서 빼앗을 자가 없느니라"
- 요한복음 10장 28절

아들은 끝까지 내 이야기를 들어주었다. 당황한 모습이 역력했지만 애써 눈물을 참는 모습도 보였다. 나는 조용히 기도했다.

'하나님, 오늘 복음의 씨앗이 심어졌습니다. 이제 하나님께서 일하여 주세요.'

"여호와는 네게 복을 주시고 너를 지키시기를 원하며
여호와는 그의 얼굴을 네게 비추사 은혜 베푸시기를 원하며
여호와는 그 얼굴을 네게로 향하여 드사 평강 주시기를 원하노라
할지니라 하라"
- 민수기 6장 24~26절

고난은 우리가 아무것도 할 수 없는 존재임을 깨닫게 해 준다. 하나님의 품 안에 거하는 것이 가장 안전한 길임을 우리 가정은 나의 아픔을 통해 배웠다. 하나님은 우리에게 재앙을 주시는 분이 아니라, 복을 주시고 평안을 주시는 분이시다. 내가 가장 사랑하는 사람 모두 하나님의 품으로 돌아오기를 소망한다.

"여호와 하나님은 해요 방패이시라
여호와께서 은혜와 영화를 주시며…"
- 시편 84편 11절

눈물 골짜기를 지난 친정엄마 - 93세에 열린 천국의 문

엄마를 향한 전도는 내게 전도의 의미를 깨닫게 해 주었다. 하나님의 시선으로 엄마의 고단한 인생을 바라볼 수 있었던 가슴 떨린 시간이었다. 엄마가 하나님의 품에 안기기까지 4년이라는 시간 동안 나는 매일 눈물로 기도했다. 눈물을 너무 많이 흘려서 얼굴이 쓰라려 연고를 바르기도 했다. 영적 전쟁은 날마다 치열했다. 지금 돌이켜보면 그 긴 싸움은 하나의 생명이 하나님께로 돌아오는 길이 얼마나 고귀한지를 말해 주고 있었다.

하나님을 영접하고 가장 먼저 품은 전도 대상자는 90세였던 친정엄마와 가까이 살던 막내 언니였다. 구원받지 못하고 떠난 아버지를 생각하면 마음 한편이 늘 무거웠기에 엄마만은 꼭 하나님을 만나 천국에 갈 수 있기를 기도했다. 우리를 키우고, 삶을 사시느라 얼마나 힘드셨을까? 그 고단한 삶이 지옥에서 끝나는 건 너무도 잔인한 일이라 여겨졌다.

하나님은 언니부터 만나게 하셨다. 내가 교회에 다닌 지 두 달도 안 된 초신자였고, 성경도 제대로 모르던 때였다. 다만 "하나님, 제 입에 당신의 말씀을 담아 주세요."라고 기도하며 불심이 깊은 엄마와 언니에게 찾아갔다. 그때 하나님이 주신 말씀이 바로 이것이었다.

> "너는 그들 때문에 두려워하지 말라 내가 너와 함께하여
> 너를 구원하리라…, …보라 내가 내 말을 네 입에 두었노라"
> - 예레미야 1장 8, 9절

하나님이 앞서 행하셨다. 살아계신 하나님의 역사와 천국, 지옥에 대해 담담히 전할 수 있었다. 언니는 눈물로 주님을 영접했다. 언니 등에 손을 대고 기도하는데 언니는 "왜 이렇게 손이 뜨거워?"하며 내 손을 확인했다. 예수님을 영접하고 우상의 물건들을 쓰레기통에 버리고 교회에 나가기로 결심했다. 등록한 교회는 지인 목사님이 사역하시는 곳이어서 더 큰 신뢰 가운데 신앙 여정을 시작할 수 있었다.

그러나 마귀의 방해도 만만치 않았다. 처음으로 교회에 가려고 준비하는 날 아침, 언니는 갑작스러운 위경련으로 교회에 가지 못하겠다고 연락이 왔다. 나는 "마귀는 교회를 못 가게 하려고 해. 기도하며 이겨내자."라고 언니를 붙잡았고, 우리 목장과 자매들은 합심 기도에 들어갔다. 드디어 언니는 예배당에 들어서서 찬송을 들으며 눈물

을 쏟았다. 이후 세례를 받고 직분도 받으며 즐겁게 신앙생활을 잘하고 있다. 이제 언니는 나의 기도 동역자가 되었다. 시댁 형제들을 위한 기도 제목을 나눴고, 말씀 액자와 전도지를 만들어 언니에게 보내며 "전도는 함께 하는 거야."라고 말했다. 언니는 순종했고 이후 기쁜 소식이 들려왔다.

언니가 예수님을 영접한 그날, 나는 엄마에게도 복음을 전했다. 그러나 기적을 보았음에도 엄마는 쉽게 믿지 않았다. 연로하신 엄마는 무릎 부상, 부종, 통증 등으로 고통을 겪었고, 병원을 거부했다. 우리는 기도 외에는 할 수 있는 것이 없었다. 놀랍게도 엄마는 2주 만에 기적처럼 회복되었다. 나는 병상의 엄마에게 계속해서 기도와 하나님의 이야기를 전했다.

엄마는 나에게 기도는 어떻게 하는지 물어보셨다. "하고 싶은 말을 하나님께 넋두리하듯 말하면 돼요. 살아계신 하나님은 우리의 기도를 듣고 응답하세요." 그 말에 엄마는 마음이 흔들렸다.

그 무렵, 둘째 언니가 밤마다 마귀에게 눌리는 현상을 겪으며 전화했다. 마귀가 강제로 입을 열고 말하게 한다며 너무 힘겹다고 울먹였다. 나는 전화로 대적 기도를 했고, 예수님의 이름으로 마귀를 쫓아냈다. 그렇게 21일째가 되던 날 언니는 지친 목소리로 말했다.

"엄마, 천국 가셔."

그 말과 함께 나는 마음 가운데 엄마가 빛나는 곳에 서서 '여기가 천국인가 봐. 정말 좋구나!'라며 아이처럼 말하는 모습을 보았다. 2019년 2월, 딸들이 함께 기도한 지 두 달 후, 엄마는 조카 목사님의 인도로 어렵게 주님을 영접했다.

하지만 그것이 끝이 아니었다. 엄마는 여전히 은밀히 우상숭배를 하고 있었다. 나중에야 오전 10시에 향과 촛불을 피우는 사실을 알게 되었다. 나는 다시 복음을 설명하고 집 안의 우상을 제거했다.

나는 매일 전화로 찬송가를 불러드리고 기도했다. 엄마는 울었다. "내 마음을 어떻게 그렇게 잘 아니? 나랑 같이 산 것도 아닌데, 다 본 것 같구나."라며 고백하면서도 여전히 나의 기도에 대해 불편함을 느꼈는지 엄마가 내 전화를 꺼리는 일이 많아졌다. 사탄은 참으로 끈질기다고 느꼈다. 나는 새 핸드폰에 찬송가, 복음 메시지, 기도 그리고 내 간절한 음성을 녹음해 드렸다. 엄마는 매일 그것을 들으며 조금씩 변화되었다.

어느 날, 내 딸의 출산 소식을 듣고 엄마는 삐뚤빼뚤하고 서툰 글씨로 손 편지를 썼다. 엄마의 손 편지를 그대로 옮겨본다.

'지은아, 건강하고 예쁜 아기 순산해라.
예순님 이름으로 기도합니다. 아멘.'

그 글씨는 복음이 엄마의 마음 밭에 뿌리 내렸음을 보여 주는 눈물

나는 증거였다. 비록 철자는 틀렸지만 내게 아무런 상관이 없었다. 그 편지는 세상 그 무엇과도 바꿀 수 없는 내게 가장 귀한 엄마의 마음이고, 사랑이고, 고백이었다.

2023년 1월, 마침내 엄마는 인격적으로 하나님을 마음에 품으셨다.

“하나님, 우리 엄마에게 은혜 주셔서 감사합니다.”

여러 차례 반복하며 눈물을 흘리셨고, 헌금도 자원해서 부탁하셨다. 이후 엄마는 치매 판정을 받고 점점 몸이 약해지셨다. 보이지 않고, 들리지 않고, 걷지도 못하시는 상황 속에서 넋두리처럼 인생사를 말씀하셨다. 온몸에 새겨진 수술 자국과 굳은 손발은 엄마 인생의 고단함을 증명해 주었다.

나는 엄마의 등을 토닥이며 말했다.

“엄마, 이제는 혼자가 아니에요. 하나님이 지켜주실 거예요.”

그리고 마침내 2023년 7월, 엄마는 93세의 삶을 마무리하고 하나님의 품에 안기셨다. 돌아가시기 며칠 전 남편과 함께 엄마를 찾아뵈었고, 엄마는 마지막 힘을 다해 내 손을 잡고 말씀하셨다.

“연희야… 고맙다.”

엄마의 귀에 대고 속삭였다.

“예수님이 엄마 업고 천국까지 모셔다드릴 거예요.”

엄마는 고개를 끄덕이셨다.

장례는 기독교식으로 은혜롭게 진행되었고, 가족들은 끝까지 하나 되어 함께했다. 장례 기간에는 내가 녹음한 찬양 〈나의 갈 길 다 가도록〉이 엄마 곁에서 잔잔하게 흘러나왔고, 공로상은 아들이 읽어드렸다. 주님의 십자가가 엄마의 마지막을 감싸안았다. 엄마는 하나님의 품에 영원히 안기셨다.

"…나는 부활이요 생명이니 나를 믿는 자는 죽어도 살겠고"
- 요한복음 11장 25절

눈물 골짜기 지나 천국에 이른 엄마. 그 여정을 함께하며 하나님은 나의 마음을 요동치지 않게 하셨고, 감사와 평안으로 가득 채워주셨다. 세상은 엄마를 외면했지만, 예수님은 끝까지 함께하셨다.

항상 엄마가 그립다. 나이가 들어가도 여전히 엄마가 그립다. 하지만 하늘을 보며 천국에서 하나님의 무한한 사랑을 받고 계실 엄마를 생각하면 기쁨을 감출 수가 없다.

"지혜 있는 자는 궁창의 빛과 같이 빛날 것이요,
많은 사람을 옳은 데로 돌아오게 한 자는
별과 같이 영원토록 빛나리라"
- 다니엘 12장 3절

시어른에게 드린 복음
- 하나님의 손에서 빼앗을 자는 없느니라

2021년, 남편이 광주에서 잠시 근무하게 되면서 나도 여러 차례 광주를 방문하게 되었다. 광주는 시댁 어르신들이 몇 분 살고 계신다. 광주로 향하던 길에 하나님은 시댁 어르신들에게 전도하라는 마음의 감동을 주셨다.

사실, 시어른들과의 관계는 가깝다고 하기엔 다소 어색하고, 경조사가 아니면 얼굴 뵐 일이 드물었다. 하지만 나는 순종하기로 했다. 남편에게 시이모와 시외삼촌, 숙부님 두 분께 연락드리라고 부탁하고, 선물을 준비하며 '하나님, 이 만남이 복음의 씨앗을 심는 자리가 되게 해 주세요.' 하며 마음속으로 계속 기도했다. 각 가정을 방문할 때마다 나는 빠지지 않고 딸의 기적 이야기를 꺼냈다. 그 고통의 시간을 지나 살아계신 하나님을 만나고 체험했던 이야기는 듣는 이의 마음을 열 수 있는 하나님의 선물이기도 했다.

특히, 시이모님 댁에 방문했을 때 마음속에 기도하고 싶은 강한 충동이 들었지만, 분위기가 여의치 않아 조심스레 발걸음을 옮겨야 했다. 함께 주차장으로 내려와 넓은 공간이 있음에도 우리 차 앞에 어떤 승용차 한 대가 횡으로 주차돼 있었다. 이상한 상황이었다. 남편이 운전자에게 연락하는 동안 나는 시이모님께 양해를 구하고 조용히 기도했다. 그 순간이 하나님께서 주신 기회임을 느꼈다.

차를 막아선 운전자에게 왜 이 많은 공간 중 굳이 우리 앞에 세우셨냐고 묻자, 그는 잠깐 볼일이 있어 급히 주차했다고 대답했다. 나는 그 상황이 우연이 아니며 하나님께서 시이모님과 함께 기도할 기회를 마련해 주시기 위해 이 작은 '방해'를 허락하셨다는 것을 알았다. 그 이후, 나는 누구를 만나든 '이 만남이 하나님의 은혜 자리가 되게 하소서.'라고 기도하고 나서기 시작했다.

시숙부님 두 분도 마음에 품고 기도했다. 한 분은 폐암 투병 중이셨고, 또 한 분은 하반신 마비로 고통 중이셨다. 두 분 모두 불심이 깊은 분들이라 어렵고 조심스러운 분들이었다. 전화로 용기 내어 안부를 묻고, 편지를 쓰고, 성경책과 작은 선물을 드리고 복음을 전했다.

코로나19로 인해 직접 뵙지 못했지만, 하나님은 그 시간에도 일하고 계셨다. 나는 매일 두 분을 위해 기도했다. 한 분이 끝내 주님을 영접하지 못하고 세상을 떠났다는 소식을 들었다.

장례식장에서 숙모님이 내 손을 붙잡으며 하셨던 말씀이 아직도 잊히지 않는다.

"그때 보내준 성경책과 편지, 정말 고마웠어요."

숙부님은 아프셨지만, 하루하루를 감사와 웃음으로 살아가셨다고 한다. 그 이야기를 들으며 절박한 하루가 누군가에겐 생명을 건 시간이 될 수 있다는 것을 다시금 깨달았다. 오늘 내게 허락된 평범한 하루가 얼마나 소중한지를 생각하며 하나님께 감사드렸다.

하반신 마비로 투병 중이셨던 또 다른 숙부님은 예전 개척교회에서 누구보다 헌신하셨던 분이었다. 그러나 삶의 여정 속에서 다른 종교로 옮겨 하나님을 멀리했다. 그런 숙부님께 하나님의 손을 꼭 붙드시라고 말씀드리며 전화로 기도해 드렸다. 숙부님은 약속하셨다.

며칠 뒤에 숙부님으로부터 매일 온라인으로 설교를 듣고 있다고 연락이 왔다. 그 말을 들으며 나는 확신했다. 하나님은 한번 사랑하신 당신의 자녀를 절대 놓지 않으신다는 것을.

"그들을 주신 내 아버지는 만물보다 크시매
아무도 아버지 손에서 빼앗을 수 없느니라"
- 요한복음 10장 29절

복음과 전도는 하나님의 손에 붙들린 한 영혼을 다시 그분의 품으로 데려오는 여정이다. 지금도 나는 기도한다.

'하나님, 오늘 만나는 그 한 사람도,
하나님의 은혜 자리로 인도해 주세요.'

시누이의 기도 - "감사합니다" 50번, 믿음의 기적이 되다

2022년 6월, 큰 시누이가 대장암 4기 진단을 받았다는 충격적인 소식을 들었다. 이미 전이가 심해 수술은 불가능하고 항암치료부터 시작해야 한다는 말을 전해 들었다. 나는 기도할 수밖에 없었다.

그때 하나님께서 내게 주신 말씀은 야고보서 5장 15절이었다.

> "믿음의 기도는 병든 자를 구원하리니 주께서 그를 일으키시리라 혹시 죄를 범하였을지라도 사하심을 받으리라"
> - 야고보서 5장 15절

나는 하나님께서 고쳐 주실 것이라는 확신을 품고 병원으로 향했다. 시누이 곁에서 말씀을 붙들고 기도했다. 기도는 자연스럽게 회개의 기도로 이어졌고, 우리는 함께 눈물로 하나님 앞에 엎드렸다. 한참을 울고 나서야 서로의 눈을 바라볼 수 있었다.

시누이 가족은 한때 열심히 교회에 다녔지만, 어느새 하나님과 멀어진 삶을 살고 있었다. 나는 조심스레 말했다. "이건 하나님의 부르심이에요. 이제는 하나님 손을 꼭 붙들어야 해요."

이후, 시누이는 다시 기도의 자리로 나왔다. 그러나 몇 개월이 지나도 특별한 차도가 보이지 않았다. 나의 마음은 흔들리기 시작했다. '하나님, 제가 뭔가 잘못 들었나요?' 그렇게 주님께 내 마음을 털어놓던 중 버스 안에서 내 안에 들려오는 음성이 있었다.

'도우시는 하나님, 기도하라, 기도하라….'

나는 형제들 단체 SNS에 글을 올렸다. "매일 시누이를 위해 합심해서 기도하고, 하나님께 '감사합니다.'라는 말을 50번씩 고백해요. 수술 전까지 계속해요." 하나님은 감사로 제사를 받으시며 그 감사 가운데 능력을 나타내시는 분이시기에 믿고 시작한 작은 운동이었다.

얼마 지나지 않아 시누이의 몸 상태는 호전과 악화를 반복했다. 그러다 암세포의 크기가 줄어들고 건강검진 결과가 정상 수치로 나왔다는 소식을 들었다. 하나님이 계속 만지고 계셨다. 나는 강하게 권면했다. "이제는 집에서만 기도 하지 말고, 교회에 등록하세요. 예배 중에 도우시는 하나님을 만나야 해요." 지금 시누이는 면역치료를 받는 병원의 교회에서 예배드리며 기도를 드리고 있다. 예배의 자리에 나오게 하신 하나님께 감사드릴 뿐이다.

2019년 봄이었다. 내 마음 가운데 시누이가 "언니, 나 교회 나가요."라고 말하며 웃고 있었지만, 그 표정은 고통스러웠다. 나는 그때 시어머니를 통해 시누이에게 하나님께 돌아가야 한다고 권면했지만 거절 당했다. 그건 하나님의 첫 번째 사인이었다.

나는 두 번째 사인을 보냈다. 시누이의 기도 제목을 기록해 기도했고, 놀랍게도 그 기도들이 단기간에 응답되었다. 집 문제, 질병 문제, 자녀 문제까지 하나님의 사랑이 시누이 가정 위에 임한 것이 분명했다. 나는 하나님께 감사하고 그분의 손을 꼭 붙드시라고 말했다. 하지만 그 두 번째 사인도 지나갔다.

나는 조심스러웠기에 직접 말하지 않고 시어머니를 통해 권면을 부탁했다. "제가 하는 말이 아니라, 하나님의 음성으로 들어주세요…." 그리고 마침내 2023년 11월, 시어머니의 생신을 맞아 시누이 집에서 모이게 되었다. 아직 투병 중이었던 시누이는 꼭 자기 집에서 하고 싶다며 가족들을 초대했다.

나는 말씀 액자와 함께 기도를 준비했다. 그런데 그만 계단에서 넘어져 치아 파절과 다리 골절을 입었다. 가족들은 말렸지만, 나는 심한 통증 가운데도 말씀 액자를 안고 시누이의 집으로 향했다.

놀랍게도 그날, 내가 대표 기도를 하게 되었다.

"주님, 우리 형제 모두를 선한 길, 축복의 길로 인도하시고,
시누이와 그 가족 모두를 그리스도의 옷으로 입혀 주소서."

매일 기도하던 그 기도 제목이 형제들 앞에서 선포되며, 하나님이 일하고 계심을 확신했다. 나는 3개월 동안 다친 몸을 치료하면서 감사의 마음으로 병원 의사와 직원들에게 복음을 전하고 말씀 액자를 선물했다. 어떤 분은 처음으로 이런 선물을 받았다며 감동하셨고, 가족들에게 자랑했다는 의사 선생님의 말씀을 들기도 했다. 나는 또 한 번 하나님께 감사했다.

시누이를 위한 "감사 50번" 운동은 이제 내 삶의 습관이 되었다. 감사가 불평을 덮었고, 감사가 분노를 잠재웠으며, 감사가 나를 다시 세웠다. 숨 쉴 수 있음에, 가족이 있음에, 구원받았음에 모든 것이 은혜다. 2025년 1월을 보내고 있을 때 기적이 일어났다. 시누이는 대장과 간의 30%를 절제하는 수술을 성공적으로 마쳤고 다른 부위에 전이가 없다는 소식을 전해 들었다.

말씀이 먼저 도착했고, 말씀대로 이루어졌다.

"…나는 너희를 치료하는 여호와임이라"
- 출애굽기 15장 26절

"그가 그의 말씀을 보내어 그들을 고치시고
위험한 지경에서 건지시는도다"
- 시편 107편 20절

노아의 숲 - 하나님이 함께 거하시는 생명의 쉼터

직업소개소를 접고 나는 원예 분야로, 둘째 언니는 형부와 함께 은퇴 후 강원도 횡성으로 귀촌해 산림치유 펜션 '노아의 숲'을 운영하게 되었다. 이곳은 지치고 고단한 사람들이 자연 안에서 쉼을 얻고, 하나님의 숨결을 다시 느끼게 하자는 취지로 세운 치유의 숲이다.

형부와 언니는 자신들이 한 것이라고는 고작 1%이고, 나머지 99%는 하나님이 다 하셨다고 늘 고백한다. 햇볕과 비, 바람이 있어야 모든 생명이 자란다는 사실을 매일 체험하며 우리는 수고할 뿐이고 열매는 하나님께서 주신다는 것을 믿고 고백하며 살아간다. 가끔 가족들이 도우러 가면 일거리가 너무 많아 몸살이 날 정도다. 새벽부터 밤까지 쉼 없이 일하는 언니 부부를 보면 이 산을 가꾸는 힘은 인간이 아니라 하나님께서 주시는 것임을 절감하게 된다.

2022년 여름, 횡성에 폭우가 내려 산사태가 발생했다. '노아의 숲'도 피해를 입었다. 산 정상에서 흙과 바위가 쏟아져 나무가 쓰러지고, 진입로가 유실되어 중장비를 동원해 복구작업을 해야 했다. 그러나 언니와 형부는 '문제'보다 '감사'를 먼저 외쳤다.

산꼭대기의 좋은 흙이 중턱을 평평하게 메워 농작물을 심기에 좋은 터가 되었고, 무너져 내린 돌과 바위들은 오히려 정원을 꾸미는 자재가 되었다. 평소 근심하던 일이 산사태를 통해 더 빨리, 더 적은 비용으로 해결된 것이다.

'이 또한 하나님이 일하시기 위한 통로였구나.'

> "주께서 밭고랑에 물을 넉넉히 대사 그 이랑을 평평하게 하시며
> 또 단비로 부드럽게 하시고 그 싹에 복을 주시나이다…
> 초장은 양 떼로 옷 입었고 골짜기는 곡식으로 덮였으매
> 그들이 다 즐거이 외치고 또 노래하나이다"
> - 시편 65편 10, 13절

하나님은 우리의 참된 농부이시다. 우리의 마음 밭에 하나님의 씨앗이 심기고, 사랑으로 싹을 틔우고 열매 맺게 하신다. 나는 말씀 액자 다섯 개를 만들어 노아의 숲 객실에 전도용으로 두자고 제안했고, 언니와 형부는 기쁘게 받아들였다.

기도 중에 마음 가운데 작은 성경책이 '노아의 숲' 객실 화장대 위에 놓여 있는 것을 보았다. 당시에는 그 의미를 알 수 없었지만 1년 뒤 내가 캘리그래피를 배워 직접 말씀 액자를 쓰게 되었고, 그것이 그때의 의미였음을 깨달았다.

형부는 서예가였기에 말씀을 써드리는 것이 송구하다는 마음도 들

었지만 기도하는 가운데 하나님께서 사람의 시선을 두려워하지 말고, 나를 기쁘게 하라는 마음을 주셨기에 순종했다. 말씀을 써서 올려놓자, 형부는 "이 말씀이 바로 내가 기도하던 그 내용이야!"라며 감격스러워했다. 그렇게 하나님의 손길은 또 한 번 확증되었다.

형부는 종종 퇴직 후 아내만 고생시키는 건 아닌지, 이 길이 하나님이 원하시는 길이 아니면 그만두겠다고 종종 말씀하신다. 하지만 내가 함께 식사하며 기도할 때 내 입술을 통해 '하나님, 이 노아의 숲이 하나님의 계획 안에서 많은 생명을 주님 앞으로 인도하는 생명의 숲이 되게 해 주세요.'라고 말씀하신다. 이는 불안해하는 형부에게 주신 하나님의 확답이었다.

세 번째 확증은 우리가 함께 노아의 숲을 도와주고 돌아오던 날, 내 입에서 자연스레 흘러나온 '엠마오로 가는 길'이라는 단어였다.

> "그날 그들 중 둘이 예루살렘에서 이십오 리 되는
> 엠마오라는 마을로 가면서 이 모든 된 일을 서로 이야기하더라"
> - 누가복음 24장 13~14절

예수님의 십자가 죽음 이후, 낙심한 두 제자는 엠마오로 가는 길에서 부활하신 예수님과 동행하게 된다. 하지만 처음에는 알아보지 못한다. 그분이 함께 걷고 말씀하시며 떡을 떼실 때 그제야 비로소 눈이 밝아져 예수님을 알아보게 된다. 그리고 그들은 예루살렘으로 돌아간다.

우리의 삶도 그 제자들처럼 절망과 낙심 속에 엠마오로 향하고 있을 때가 많다. 하지만 하나님은 언제나 우리 곁에서 동행하시며, 때로는 누군가의 입술을 통해, 때로는 기록된 말씀, 선포된 말씀을 통해 우리의 눈을 밝혀 주신다.

그날, 하나님은 형부에게도 그런 확증을 주셨다. '내가 너와 함께 걷고 있다.' 지금 우리는 서로를 세워가는 동역자가 되었고, 주님 앞에 섰을 때 '무엇을 했느냐'라는 질문에 후회 없이 대답할 수 있기를 소망한다. 이 글이 멋진 책으로 완성되면, '노아의 숲' 쉼터에 이 간증 책을 두기로 했다. 이곳이 누군가에게는 하나님을 만나는 '생명의 숲'이 되기를 간절히 바란다.

"…그가 너로 말미암아 기쁨을 이기지 못하시며
너를 잠잠히 사랑하시며
너로 말미암아 즐거이 부르며 기뻐하시리라…"
- 스바냐 3장 17절

거리 위의 복음 - 사도신경과 기도문으로 전하는 생명

신앙을 갖기 시작할 즈음 나는 사도신경과 가족 기도문을 손 글씨로 써서 매일 암송하곤 했다. 그런데 어느 날 하나님께서 그것들을 '전도의 도구'로 사용하라는 마음을 주셔서 매일 거리로 나가 복음을 전하기 시작했다. 준비도 부족했고, 마음의 두려움도 컸지만, 하나님의 인도하심을 따라 시작한 그 길에서 만난 영혼들은 내 믿음을 더욱 단단히 세워 주었다.

하나님은 처음부터 내 시선을 '어르신들과 장애인'에게로 향하게 하셨다. 부모님을 향한 애틋한 마음과 복음을 듣지 못하고 돌아가신 장애인 아버지에 대한 깊은 아픔이 내 마음에 오래도록 남아 있었기에 자연스럽게 사회적 약자들에게 다가가게 되었다. 삶이 힘겨웠던 그들의 이야기를 듣다 보면 복음이 얼마나 귀한 선물인지 다시금 깨닫게 된다.

"주의 성령이 내게 임하셨으니 이는 가난한 자에게 복음을
전하게 하시려고 내게 기름을 부으시고 나를 보내사
포로 된 자에게 자유를, 눈먼 자에게 다시 보게 함을 전파하며

눌린 자를 자유롭게 하고" - 누가복음 4장 18절

내가 거리에서 전했던 복음은 단순하고 담백했다. 사도신경을 암송하며 "이 진리가 당신의 인생에도 들어갔으면 좋겠습니다."라고 전하고, 가족 기도문을 전하면서는 "당신의 가정도 이처럼 복되기를 축복합니다."라고 말했다. 성경 구절, 한 구절이 누군가의 심령에 스며드는 장면을 수없이 보았다.

1) 기억에 남는 한 어르신의 이야기

어느 날, 공원 벤치에 앉아 있던 몇몇 어르신에게 다가가 복음을 전했다. 그중 한 분이 진지하게 듣더니 이렇게 말씀하셨다.

"이렇게 귀한 보화를 나만 알고 있긴 아깝구먼."

그분은 그 자리에서 예수님을 영접하고, 가까운 교회로 연결되었다. 전도자의 삶에서 이렇게 빠른 반응은 드문 경우라 누군가의 오랜 기도가 이미 심겨 있었음을 느꼈다.

주일 아침 혹시나 어르신이 예배드리러 가는 것에 방해가 있을까 염려되어 아침 8시에 어르신 댁을 찾았다. 기운이 없어서 못 가겠다고 하셨지만 나는 간절히 기도하고 아침을 챙겨드린 뒤, 옷을 입혀 교회로 함께 향했다. 예배 중 찬양과 말씀을 들으며 마치 아이처럼 기뻐하던 어르신의 표정은 아직도 내 마음에 남아 있다.

하지만 며칠 후, 어르신이 다시 교회에 가기를 거부하셨고, 교회 측에서도 돌봄에는 소극적인 반응을 보였다. 나는 그 어르신과 계속 교제하기로 마음먹고, 자주 찾아뵙기로 했다.

"나 때문에 고생이 많아서 미안하네. 늙어서 교회 나오면 싫어하니…." 어르신의 말씀이 내 가슴을 먹먹하게 만들었다.

나는 사용하지 않는 휴대전화에 찬양과 기도, 말씀을 녹음해서 들려드렸다. 그 소리를 들으시며 어르신은 말씀하셨다.

"여러 사람이 교회 가자고 했을 땐 싫었는데 자네가 말하니까 좋네. 젊었을 때 찾지 않다가 백발이 돼서 하나님을 찾으니 부끄럽고 미안한 마음이야. 근데… 정말 받아 주실까?"

나는 웃으며 말했다.

"하나님이 지금 춤추고 계세요. 어르신을 너무 기뻐하시니까요."

어르신은 "이 죄인을 용서해 주세요."라며 찬양을 들을 때마다 눈시울을 적시셨다. 몇 개월이 지난 어느 날, 산책길에서 다시 어르신을 뵈었는데 병세가 깊어져 나를 기억하지 못하셨다. 안타까웠지만 나는 그때 한 생명이 구원받았음을 확신할 수 있었다. 하나님은 분명 그분을 기억하고 계실 것이다.

2) 한 어르신의 눈물 없는 영접

벤치에 조용히 앉아 계시던 여자 어르신 한 분이 계셨다. 여러 번 말을 시도했지만, 그분은 치매로 기억이 없고, 말도 잘하지 못하셨다. '이런 분께 어떻게 복음을 전해야 할까?' 망설이다가 한 줄씩 영접 기도를 나지막이 전하기 시작했다.

"영접을 원하시면 눈을 한번 깜빡여 주세요. 손가락을 조금만 움직여 주세요."

그런데 놀라운 일이 일어났다. 어르신의 입술이 조금씩 열리기 시작하더니, 내가 인도하는 영접 기도를 따라 한마디 한마디를 반복하기 시작했다. 그 순간, 나는 내 안에 계신 성령님의 일하심을 분명히 경험했다. 기도를 마친 후 어르신은 다시 말을 잃으셨고, 나를 기억하지도 못하셨다. 하지만 나는 확신했다. 그날 어르신의 영혼에 하나님의 생명이 심겼다는 것을….

"내게 능력 주시는 자 안에서 내가 모든 것을 할 수 있느니라"
- 빌립보서 4장 13절

3) 무거운 뒷모습 속에 감춰진 고통

공원 한쪽, 막걸리와 빵으로 식사를 대신하는 남자 어르신의 뒷모습이 눈에 들어왔다. 허리가 굽은 그 모습이 유난히 무겁고 외로워 보였다. 나는 조용히 다가가 복음을 전했다.

"제 사위가 장로고, 아내가 권사예요."

그 말씀 한마디에 마음이 아려왔다.

"자녀분들과 사모님이 기도를 많이 하시겠네요."

내가 그렇게 응답하자, 어르신은 긴 한숨을 쉬며 말을 이으셨다.

"그런데 그 여자가 내 돈으로 세 번이나 사업을 망쳤어. 그 스트레스로 인하여 후두암에 걸렸고 지금도 내 나이 팔십이지만 일용직을 해야 해. 집은 포천인데 이거 먹고 갈 거야. 그래서 내가 외쳤지. '마귀의 자식아, 나가!'"

나는 무슨 말을 해야 할지 몰랐다. 그저 내 안에 계신 예수님이 어르신을 얼마나 슬퍼하실지 생각하니 눈물이 멈추지 않았다.

"하나님은 다 알고 계세요. 그 분께 마음을 고백하시고, 그 손을 절대 놓지 마세요."

그날 밤, 어르신의 슬픈 얼굴이 떠올라 애통한 마음으로 잠이 들었다. 그런데 아침에 눈을 떴을 때 그 무거웠던 마음이 사라지고 가볍고 환한 기쁨이 내 안에 가득했다. 하나님께서 주신 평강이었다.

우리는 종종 욕심이 잉태해 죄를 낳고, 그 죄가 자라 죽음까지 이르게 되는 삶을 본다. 내게 들려온 수많은 이야기는 결국 그것을 증명하고 있었다.

"욕심이 잉태한즉 죄를 낳고 죄가 장성한즉 사망을 낳느니라"

- 야고보서 1장 15절

하나님은 고난을 통해서도 우리를 부르신다. 때로는 징계로, 때로는 사랑으로. 특히, 하나님의 자녀가 불의하게 재물을 취하면 하나님은 오래 참으시다가 결국 고난이라는 채찍으로 깨닫게 하신다. 때로는 몸의 병을 통해, 마음의 절망을 통해, 길을 잃은 영혼을 다시 돌아오게 하신다. 하나님은 최고의 의사이시며 최고의 목자이시다.

"무릇 징계가 당시에는 즐거워 보이지 않고 슬퍼 보이나 후에 그로 말미암아 연단 받은 자들은 의와 평강의 열매를 맺느니라"
- 히브리서 12장 11절

4) 탑골공원에서의 통곡

2022년 11월쯤이었다. 종로에 약속이 있어 탑골공원을 지나가는데 하나님께서 이곳에 내 백성이 있으니 전도하라는 감동을 주셨다.

그날은 유독 찬바람이 거셌다. 수백 명의 어르신이 점심 한 끼를 위해 줄을 서 있었고, 폐지를 줍거나 담장에 몸을 기대어 움츠린 채 앉아 계신 모습을 보고 내 마음이 흔들렸다.

그날 저녁, 혼자 밥을 먹다 그 장면이 떠올랐다. 눈물이 터져 나왔다. 나는 밥을 먹다 말고 기도의 무릎 꿇고 기도했다. "하나님, 이번 주 안에 꼭 전도하겠습니다. 함께 전도할 동역자를 보내 주세요. 아니면 저 혼자라도 가겠습니다."

며칠 뒤, 갑작스럽게 교회 훈련반 수업이 휴강되었다. 기회가 좋았다. 나는 교회 공지에 글을 올렸다.

'목요일, 탑골공원에서 전도합니다. 전도 용품과 식사는 제가 준비하겠습니다. 여건이 되시는 분은 오전 10시 30분, 정문 앞에서 뵙겠습니다.'

한참 동안 아무 연락이 없다가 다섯 명의 성도님이 참석 의사를 주셨다. 우리는 기도로 시작하여 두 명씩 짝을 이뤄 복음을 들고 공원 이곳저곳으로 흩어졌다. 그 날 우리 여섯 명은 320명의 어르신에게 복음을 전했다.

전도가 처음인 전도 새내기 성도는 한 영혼이 귀하다는 말의 의미를 이제야 알았다고 고백했다. 그날 전도했던 팀원 중에는 스님에게 복음을 전하며 담대함을 배운 분도 있었고, 인생 공부를 탑골공원에서 가장 많이 했다는 분도 있었다. 공원에서의 전도는 삶을 돌아보게 했다. 자식 자랑, 물질 자랑 속에서도 하나님을 믿는 자녀를 자랑하는 어르신을 볼 때면 '나는 무엇을 자랑하고 있는가?' 돌아보게 된다. 이 세상에서 자랑할 것이라고는 오직 예수 그리스도밖에 없음을 고백하게 된다.

어르신이나 장애인을 전도할 때는 교회로의 출석이 어려운 경우가 많다. 그러므로 현장에서 직접 영접할 수 있도록 영접 기도문을 준비하고, 녹음된 찬양과 기도문을 담은 기기나 카드를 활용하면 전도의 효과가 더 커진다.

5) 이주노동자에게 전한 한 줄의 복음

혜화로터리 근처, 일요일 아침이면 이주노동자들의 마켓이 열린다. 그 옆 작은 은행 앞에는 고국으로 돈을 송금하려는 이주노동자들이 이른 새벽부터 긴 줄을 서서 기다리고 있다. 그 모습을 바라보니 마음이 아려왔다.

'가족을 뒤로하고 이국땅에서 얼마나 외로울까?'

주일 예배 중에 주님은 그들에게 복음을 전하라는 마음을 강하게 주셨다. 내 마음 한쪽에 오래전부터 간직한 성경 말씀 한 줄이 떠올랐다.

> "주의 성령이 내게 임하셨으니
> 이는 가난한 자에게 복음을 전하게 하시려고…"
> - 누가복음 4장 18절

전도지를 어떻게 준비해야 하나 고민하다가 서툰 영어로 축복 기도문과 사도신경을 적어 복음 카드를 만들었다. 처음엔 너무 떨려 말이 나오지 않았지만, 하나님은 내 입술을 여시며 이런 한마디를 꺼내게 하셨다.

"Jesus loves you."(예수님이 당신을 사랑하십니다.)

그 짧은 말 한 줄이 그들의 마음에 닿기를 바라는 마음으로 복음 카드를 나누어드렸다. 그들은 웃으며 받아주었고, 나도 모르게 마음이 부자가 된 느낌이었다. 하나님은 언어가 달라도 주님의 사랑을 전하게 하셨고 그 사랑은 국경을 초월해 흐를 수 있음을 믿게 하셨다.

그날 전한 영어 축복 기도문의 일부는 이랬다:

"Dear Jesus, Our brothers and sisters are following the dreams of the world. Let them know that they are also brothers and sisters of Jesus, just like us, and that Jesus loves them very much."(사랑하는 예수님, 우리의 형제자매들이 세상의 꿈을 따라가고 있습니다. 그들도 우리와 같이 예수님의 형제자매임을 알게 하시고, 예수님께서 그들을 깊이 사랑하신다는 사실을 깨닫게 하소서.)

눈으로는 보이지 않아도 주님의 사랑은 틀림없이 그들에게 전해졌으리라 믿는다.

6) 놀이터에서 피어난 신비한 고백

놀이터에서 놀던 두 명의 아이를 만났다. 하나님은 내게 '무지개를 설명하라.'는 마음의 감동을 주셨다. 노아의 방주 이야기, 무지개 언약, 홍수와 하나님의 약속…. 아이들의 눈망울은 금세 호기심으로 가득 찼다.

“노아가 몇 살에 방주를 만들었을까요?”

“600살이요.”

“헉! 그렇게 오래 살았어요?”

아이들은 신기해하며 질문을 쏟아냈다.

“배는 얼마나 컸어요?”

“산보다 높았어요?”

“하나님은 진짜 다시는 홍수로 세상을 심판 안 하신대요?”

아이들의 질문 하나하나에 귀 기울이며 십자가 복음을 쉽게 설명했다.

“너희가 물에 빠졌는데 선생님이 손을 잡고 구해준다면 기쁘고 고맙겠지? 예수님이 바로 그런 분이야. 우리를 죽음에서 건져주시려고 이 땅에 오셨어.”

그날 아이들 중 한 명이 조용히 영접 기도를 따라 했다.

기도를 마친 후, 한 아이가 내게 말했다.

“선생님, 이상하게… 마음이 따뜻해졌어요.”

나는 눈시울이 뜨거워졌다.

“그래, 예수님이 네 마음 안에 들어오신 거야. 평생 너와 함께하실 거야."

그 아이는 또 질문했다.

"왜 예수님 이름으로 기도해요? 하나님 이름으로 하면 안 돼요?"

나는 조용히 설명해 주었다.

"우리는 죄 때문에 하나님과 멀어졌단다. 그런데 예수님이 십자가에서 피를 흘리시고, 부활하셔서 하나님과 우리 사이에 다리가 되어 주셨어. 그 다리를 건널 수 있도록 해 주신 분이기 때문에 우리는 예수님의 이름으로 기도하는 거야."

아이의 눈빛이 반짝였다. 그날 이후 나는 놀이터에서 아이들을 만날 때마다 복음이 마음속에 남아 있는지 물었다. 두 해 동안 아이들과 인사를 나누고 교제를 이어가니 어느 날은 여러 명의 아이가 둘러앉아 복음을 듣고, 교회를 다니겠다고 따라나섰다.

"태초에 하나님이 천지를 창조하시니라"

- 창세기 1장 1절

"…그가 만드신 만물에 분명히 보여 알려졌나니
그러므로 그들이 핑계하지 못할지니라"

- 로마서 1장 20절

놀이터에서 피어난 한 영혼의 따뜻한 고백은 내가 전했던 수많은 전도 중 가장 잊지 못할 순간이 되었다.

7) 일상의 길목에서 피어나는 복음

나는 평소 당근 마켓과 같은 온라인 중고 거래를 자주 이용한다. 어느 날 하나님께서 중고 거래할 때 복음 카드를 넣으라는 마음을 주셨다. 처음엔 조금 망설였지만, 마음 깊은 곳에서 들려오는 그분의 음성에 순종했다. 복음 카드는 그렇게 나의 일상 속 전도의 손길로 쓰이기 시작했다.

복음 카드를 받은 사람들로부터 다양한 피드백이 왔다. "신앙 상담을 하고 싶어요.", "이 글을 읽고 눈물이 났어요.", "제가 목회자 가정인데 이 전도 방식을 교회에서도 나누고 싶어요." 그렇게 하나님의 말씀이 중고 물품과 함께 전국 각지로 흩어졌고 전혀 예상하지 못한 사연들과 응답들이 내게 되돌아왔다.

가끔은 직접 만든 부침개를 들고 아파트 경비 어르신과 청소 여사님들께 나누기도 했다. 이웃들에게는 음료수와 복음 카드를 함께 건네며 하나님을 조금씩 알리고, 전철역이나 산책로 혹은 택시 안에서 만나는 분들께도 주님의 향기를 나눈다. 방문 수리기사나 택배 기사님 등 친구처럼 찾아온 이들에게도 복음 카드를 전한다.

매일 같은 장소에서 전도하다 보니 이웃들의 반응도 달라졌다.

"이 카드 좋네요. 가족에게도 주고 싶어요."

"이 기도문, 우리 집에서도 매일 읽고 있어요."

"믿지는 않지만…, 버리면 벌받을 것 같아서 매일 봐요."

어느 어르신은 글을 몰라 받지 않겠다고 하셨지만, 옆에 계신 어르신이 "내가 매일 읽어 드릴 게요."라고 말하자 "그럼 우리 친구 합시다."라며 함께 걷기를 약속하셨다.

전도는 그들에게는 생명의 길이고, 나에게는 삶과 신앙의 나침반이 된다. 하나님은 때로는 나를 멈추게도 하시고, 다시 나아가게도 하시면서 그분이 원하시는 방향으로 이끌어 가신다. 안타까운 것은 전도하면서부터 알게 되었는데 믿는 자들 사이에서도 미신과 이단이 얼마나 만연한지를 종종 목격하게 된다.

"해바라기 그림을 걸면 재물이 온다네요."

"건축 헌금 많이 하면 천국에 집이 생긴대요."

"가족 구원은 하나님이 하시는 일이니까 나는 신경 안 써도 돼요."

믿음은 있다고 하지만 성경 말씀보다 점괘나 토속 신앙을 더 가까이 두는 모습은 마음 아픈 현실이었다. 나도 하나님을 믿은 지 3개월쯤 되었을 때 이사하면서 스님이 써 준 용의 한자 글씨가 걸린 액자를 거실에 걸어 두고 있었다. 하나님은 매일 그 액자를 가리키며 마음에 부담을 주셨고, 결국 나는 집 안 구석구석 우상의 잔재들을 모두 치워내게 되었다. 그 후로 집 안은 말씀 액자들로 채워졌다.

지금은 부끄러운 고백이지만 아이들이 어릴 때 진로가 궁금해 철

학관에 간 적도 있다. 그런데 그 역술인은 나를 보자마자 말했다.

"다시는 이런 곳에 오지 마세요."

그리고 덧붙이기를, "교회 다니는 분들이 많이 오시긴 해요."

교회를 다니면서도 이런 곳을 찾는다는 그 말이 묘하게 마음에 남았다. 하나님께서는 이런 우리를 향해 단호히 말씀하신다.

> "너희가 귀신의 잔과 주의 잔을 겸하여 마시지 못하고…"
>
> - 고린도전서 10장 21절

믿음이 미지근하면 하나님은 우리를 입에서 토해 버리신다고 하셨다. 차갑게 말씀으로 무장하지 않으면, 뜨겁게 주님을 사랑하지 않으면 우리는 너무 쉽게 미신과 이단의 유혹에 빠질 수 있는 연약한 존재임을 안다.

> "네가 이같이 미지근하여 뜨겁지도 아니하고 차지도 아니하니
> 내 입에서 너를 토하여 버리리라"
>
> - 요한계시록 3장 16절

전도를 통해 배운다. 전도는 거창한 것이 아니다.

전도 물품 안에 한 장의 카드, 길을 가다 나눈 짧은 인사,

음료와 함께 전한 한 마디의 축복

그리고 그 안에 담긴 하나님의 사랑.

이 일상의 작은 순종이 누군가에게는 영원을 바꾸는 사건이 된다.

나는 오늘도 복음 카드를 가방 안에 넣는다.
누군가에게 이 말씀이 전해지길 기도하며….

4장

나의 신앙고백

신앙생활을 하며 훈련반에서 배운 내용, 설교 시간에 받은 은혜, 공동체 안에서 나눈 이야기들이 하나둘 떠오른다. 하나님은 그 기억을 불러일으키며 편안한 마음으로 써보라 하셨지만, 한편으론 망설임이 많았다. 신학적 지식도, 학문적 기반도 없는 내가 글을 쓴다는 것에 혹여 오해하지는 않을까 염려했기 때문이다. 그런데 이 글을 쓰는 지금 이 순간 하나님은 "내가 너와 함께 있다. 이 글은 너의 간증이다." 라고 말씀하시는 듯 마음에 용기를 주셨다.

교회 안에서 본 교회

하나님은 내 입술에 말씀은 약속이라는 고백을 주셨다. 그 후로 성경은 나에게 살아 있는 하나님의 약속으로 다가왔다. 그 약속을 되새기며 말씀을 읽다 보니 교회가 궁금해졌다.

한때 교회를 멀리서 부정적인 시선으로 바라봤었다. 그러나 교회 안으로 들어오니 전혀 다른 모습이 보였다. 교회는 이 시대에 필요한 그리스도의 몸이며, 모든 지체가 유기체적으로 연결된 살아 있는 생명체였다. 처음부터 하나님이 계획하신 공동체였고, 하나님의 영광을 세상 가운데 드러내기 위해 존재하는 곳이었다.

교회는 수천 년 동안 부패와 핍박을 겪으면서도 여전히 이 땅에 살아 있다. 그것은 교회가 예수 그리스도의 핏값으로 세워졌기 때문이다. 교회는 하나님 나라의 비밀을 이 땅에서 드러내는 유일한 도구이다. 나와 내 딸이 병으로 고통받던 그때, 교회를 향해 다시 달려갈 수 있었던 이유도 교회가 우리의 절망과 눈물을 받아줄 수 있는 유일한 곳이라는 믿음 때문이었다. 교회가 없었다면 나는 죄 가운데 헤매며 구원의 길을 찾지 못했을 것이다.

> "…그가 채찍에 맞음으로 우리는 나음을 받았도다
> …여호와께서는 우리 모두의 죄악을 그에게 담당시키셨도다"
> - 이사야 53장 5~6절

하나님께 받은 은혜에 비하면 늘 부족하고, 죄의 가시가 여전히 솟아있는 내가 이 공동체에 속해 있다는 사실이 얼마나 큰 은혜인지. 교회는 인종, 국적, 신분을 초월해 모든 세대가 하나 되어 그분의 뜻을 따라 지역사회를 섬기고, 소외된 이웃을 돌보며, 선한 일을 실천해 하나님 나라를 확장해 가는 가족 공동체이다. 그것은 단순한 조직도, 단체도 아닌 하나님의 뜻에 따라 움직이는 생명체이기 때문이다.

훈련반을 통해 알게 된 사실은 충격이었다. 한국의 보육원이나 양

로원 등 사회복지시설의 60~70%가 교회에서 운영되고 있다고 했다. 북한의 결핵 아동과 기아 문제를 해결하기 위한 단체, 선교단체 그리고 지역사회를 섬기는 무명의 교회 모두 그리스도의 정신으로 움직이고 있었다. 이런 사회적 참여를 통해 더 많은 영혼이 주님께 돌아오도록 돕는 것이 교회의 사명임을 깊이 깨달았다.

우리 교회에서 열리는 블레싱 축제, 어린이날 행사, 경로잔치에는 수많은 사람이 초청된다. 초청 대상자들을 위해 미리 기도하고, 정성껏 선물을 준비한다. 때로는 외면과 거절을 견디면서도 한 생명을 위해 기꺼이 헌신하는 성도들의 모습은 그 자체로 하나님 나라의 모형이었다. 주일마다 교회 곳곳에서 묵묵히 봉사하는 이들의 헌신은 교회가 그리스도의 생명체임을 분명하게 보여 준다.

2024년 새해가 시작되면서 나는 소그룹 목장의 목자로 세워졌다. 그전까지는 목원으로 신앙생활을 했기에 보지 못했는데 이제는 공동체를 바라보는 시선이 달라지기 시작했다. 서 권사님의 말씀이 마음에 깊이 남아 있다. "하늘의 양식을 받아 우리에게 일용할 양식을 공급하는 주의 사자 목사님을 하나님 섬기듯 섬기고, 기도를 많이 해야 해요. 성도들이 하나님 손을 놓지 않도록 밤낮으로 이름을 불러가며 기도하고 심방하는 목사님은 부모님 같은 분들이에요."

대심방에 처음 동행했던 날 그 말씀이 가슴 깊이 새겨졌다. 가정을 하나하나 돌보며 말씀으로 위로하고 기도하시는 목사님의 모습을 보며 자식을 사랑하는 부모처럼, 죽어 있는 영혼을 깨우는 의사처럼 성도를 향한 사랑이 하나님의 마음과 다르지 않음을 느꼈다. 목사님의 입술을 통해 전해진 하나님의 말씀이 절망 중인 이에게는 소망을 붙들게 하고, 지쳐 있는 이에게는 다시 살아갈 힘이 되었다.

내가 아팠을 때 교구 목사님은 눈물을 애써 참으며 나를 위로해 주셨다. 그분이 다른 교회로 사역지를 옮긴 후에도 나를 위해 계속 기도해 오셨다고 한다. 회복된 뒤 남편과 함께 그 목사님을 찾아뵈었고, 감사 인사를 전했을 때 그분은 활짝 웃으며 반가워해 주셨다. 그리고 내가 목자가 되었다는 소식을 듣고 "상처 입은 치유자로서 누군가의 상처를 보듬고 예수 그리스도께로 인도하는 좋은 목자로 사명을 잘 감당하기를 기도합니다."라고 격려해 주셨다. 목회의 길은 사랑 없이는 감당할 수 없는 자리이다. 영적인 공격이 가장 많은 곳이기도 하다. 그래서 목사님들을 위해 더욱 자주, 더욱 깊이 기도하게 된다.

교회는 여전히 공사 중이다. 아직 완성된 것이 아니고 하나님의 손길 아래 계속 세워져 가는 중이다. 하나님이 교회를 붙드시는 이유는 분명하다. 교회는 예수님의 핏값으로 산 하나님의 몸이며, 하나님 나라의 비밀을 세상에 전하는 유일한 생명의 통로이기 때문이다.

나는 혜성교회를 사랑한다. 다 차려진 밥상 위에 숟가락 하나 올렸을 뿐이라고 상을 받은 배우의 수상 소감처럼 신앙의 대선배들과 목사님들의 기도와 헌신으로 단단히 세워진 이 터 위에서 사랑받으며 신앙생활을 누리고 있다. 그 은혜에 보답하는 길은 시냇가에 심은 나무처럼 믿음의 뿌리를 깊이 내리고, 복음을 전하며 살아가는 것으로 생각한다.

> "그는 시냇가에 심은 나무가 철을 따라 열매를 맺으며
> 그 잎사귀가 마르지 아니함 같으니
> 그가 하는 모든 일이 다 형통하리로다"
> - 시편 1편 3절

나는 예수 그리스도를 나의 구세주, 주님으로 고백하는 교회다. 교회는 세상 속으로 나아가 살아계신 그리스도의 생명을 전하는 곳이며, 나는 그 생명체의 한 지체로 쓰임 받게 된 것을 감사하게 여긴다.

말씀이 나침반

하나님은 하나님의 선교 사명인 복음을 위해 우리와 동행하시며 말씀이라는 나침반을 주셨다. 기도하게 하시고, 계획하게 하시고, 훈련하게 하시고, 도전하고 좌절하게 하심으로 결국 우리를 온전하게 세워 가시는 분임을 알게 되었다. 나의 신앙 간증을 쓰라는 나침반을 주셨을 때 갈 바를 알지 못하고 막막했지만, 하나님께서 기도하게 하시고, 훈련반에 참가하게 하시며, 쓰다가 좌절하면 다시 도전하고 계획하게 하셔서 내 신앙은 조금씩 나무처럼 자라났다.

서점에는 훌륭한 간증 책이 많다. 사람들의 시선을 의식할 때마다 작아진 나를 발견했고, 하나님께 "자신이 없습니다."라고 고백했다. 그러면 하나님은 책의 두께가 중요한 것이 아니라 이 글을 마음으로 보는 자가 있으니 천천히 가도 좋다고 늘 내게 말씀해 주셨다.

마치 엄마 새가 아기 새에게 날마다 먹이를 물어다 주듯이, 나의 급한 성격을 아시는 하나님은 영의 양식을 하루하루 지혜 창고에서 꺼내어 조금씩 먹여 주셨다. 마음에 평안을 주시고 훈련반에서 배운 것들, 메모해 두었던 설교들, 어떤 날은 문자 메시지와 사람의 입술을 통해, 혹은 계획하지 않았던 여행지나 방송을 통해, 내 안에서 흘러나오는 찬송과 입술에 담긴 말씀들을 하나씩 이어가게 하셨다.

하나님은 태아, 환경, 기업이라는 메시지를 주셨는데 그 이후 글이 이어지지 않아 답답한 마음에 울기도 했다. '크신 하나님을 내가 어떻게 글로 표현할 수 있을까?'라는 마음이 심적 부담으로 이어졌다. 금요 기도회 시간에 기도하던 중 하나님은 말씀하셨다. '내가 네게 허락한 것을 다 이루기까지 너를 떠나지 아니하리라'(창세기 28:15). 그 말씀은 나를 깊이 위로해 주셨다.

처음 성경을 읽을 때, 시력이 좋지 않아 돋보기를 써야 했다. 눈의 피로로 많이 읽지 못했고, 성경을 멀리한 적도 있었다. 성경을 일 독하는 데 1년이 걸렸다. 그런데 2021년부터 전도의 심장이 뛰기 시작하자 하나님은 내 영적 근육을 키우기 시작하셨다. 내 눈을 밝혀 주셔서 돋보기 없이도 성경을 몇 시간씩 읽을 수 있게 하셨고, 훈련반과 전도 사역을 쉬지 않고 이어가게 하셨다. 안경 없이도 일상과 신앙을 감당하게 하신 하나님. 말씀이 내 안에 채워질수록 힘이 생기고 세상의 독이 빠져나가는 느낌이었다.

삶 자체가 간증이었다. 간증은 하나님이 내 삶에 어떻게 일하셨는지 고백하는 것이다. 예수님의 제자들이 예수님을 만나지 않았다면 세상은 미천한 그들의 인생에 주목하지 않았을 것이다. 그러나 그들은 복음을 전하는 사도가 되었고, 성경을 기록하여 2천 년이 지난 지금도 하나님의 말씀을 온 세상에 전하는 통로가 되었다. 하나님의 택하심은 늘 작고 약한 자를 통해 하나님의 능력을 드러내신다. 지금도 그런 간증은 수없이 많다.

이렇게 글을 쓰는 나 자신이, 상상하지 못했던 놀라운 간증이었다. 오직 하나님께 집중하며 작은 골방에서 2년 넘게 글을 써 내려갔고, 복음의 생명이 가슴 깊이 들어오며 십자가의 깊이를 알게 되었다. 사사 삼갈이 사용한 막대기처럼 나는 아무 능력이 없지만 이 작은 연필 하나에 하나님의 능력이 임해 글이 시작부터 끝까지 생명수가 되어 흐르기를 간절히 기도하며 썼다. 글을 쓰며 내 삶을 돌아보았고, 모든 여정이 하나님의 은혜였음을 깨달았다. 전도 대상자 한 사람 한 사람을 떠올리며 그들에게 베푸시는 자비와 긍휼에 감사하며 눈물을 흘렸다. 영적 공격도 많아 지치고 힘들었지만, 하나님의 손이 나를 강하게 붙들고 계심을 느꼈기에 더 강하고 담대해질 수 있었다.

마지막 글을 마무리한 날, 금요 기도회에서 하나님은 그동안 애쓴 전도의 장면들을 떠올리게 하셨다. 그리고 이렇게 말씀하시는 것 같았다. '수고했다.' 그 말씀에 눈물이 쏟아졌다.

"눈물을 흘리며 씨를 뿌리는 자는 기쁨으로 거두리로다"
- 시편 126편 5절

선교사들의 사역을 보면 아브라함이 생각난다. 고향과 친척과 아버지의 집을 떠나 믿음으로 가나안 땅을 향해 나아갔던 사람. 그 여정은 허물과 실수로 가득했지만, 하나님은 그 여정 가운데 개입하셨고 결국 언약의 조상, 복의 통로가 되게 하셨다.

선교사들은 사회와 문화, 언어와 환경이 다른 낯선 땅에서 불편함을 감수하며 하나님이 주신 사명을 붙들고 살아간다. 가난하고 병든 자를 사랑하며 그 자녀들 또한 불편함을 감내하고 선교 가족으로 살아가는 모습을 보면 그들의 신앙은 표현조차 어렵다.

한 선교사님은 이렇게 고백했다. "선교사는 죽음의 골짜기 같은 아골 골짜기에서 때로는 발을 헛디디기도 하지만, 주께서 늘 동행하시기에 그곳에서 생명을 살리는 역사를 이루어 갈 수 있어 모든 것이 감사합니다." 그들의 순교와 헌신 위에 지금의 예배당과 일상 속의 은혜가 있다. 그래서 나의 신앙생활을 '우보천리'라 부르고 싶다. 우직한 소걸음으로 천리를 가듯, 아브라함처럼 하나님과 동행하며 묵묵히 걸어가는 것이 신앙의 길이라 믿는다.

> "나 여호와가 의로 너를 불렀은즉 내가 네 손을 잡아 너를 보호하며 너를 세워 백성의 언약과 이방의 빛이 되게 하리니 네가 눈먼 자들의 눈을 밝히며 갇힌 자를 감옥에서 이끌어 내며 흑암에 앉은 자를 감방에서 나오게 하리라"
>
> - 이사야 42장 6~7절

창조 질서

주일 설교에서 들은 말씀이 오래도록 내 마음속을 떠나지 않았다. 구원은 예수님을 전하는 천국 복음으로만 이루어지는 것이 아니라, 창조 세계의 질서 회복까지 포함되어야 비로소 온전한 구원이라는 메시지였다. 우리가 지금까지 전해온 복음은 어쩌면 반쪽짜리 복음일 수 있다는 설교자의 말은 나를 깊은 사색으로 이끌었다.

"구원 = 예수(천국) + 피조 세계의 질서 회복",
"예수님 = 구원 + 창조 세계 질서의 회복."

그 공식처럼 단순하지만, 강력한 문장이 내 생각의 회로를 끊임없이 자극했다. 지금까지 많은 설교를 들었지만, 이런 시각에서 구원을 이야기한 적은 한 번도 없었다. 생명이 있는 모든 것은 사명이 있다는 말, 창조 질서 안에서 피조물들이 움직이고 있다는 말에 나는 그날 이후 피조물을 바라보는 나의 시선이 달라졌음을 느꼈다. '그렇다면 복음을 전할 때 이 부분도 함께 설명해야 하지 않을까? 그런데 어떻게 전해야 할까?'

그 물음이 겨우내 내 안에 머물렀다. 그렇게 고민하다 봄이 찾아왔다. 2023년의 봄이었다. 내가 가입해 있는 도시농업 밴드에 한 양봉가가 올린 글이 눈에 들어왔다. 기후변화로 인해 시기에 따라 차례대로 피어나야 할 꽃들이 동시에 일찍 피고 금세 져버려 꿀벌들의 생체 리듬과 맞지 않게 되어 활동이 어려워졌고, 그로 인해 벌의 개체 수가 급격히 줄고 있다는 내용이었다.

전 세계 식량의 90%를 차지하는 100대 농작물 중 70% 이상이 꿀벌의 수분 활동을 통해 열매를 맺는다고 한다. 꿀벌이 사라지면 과일도, 채소도, 곡물도 자라지 못한다. 그리고 그것이 인간의 식량 위기로 이어지고, 결국 동물도 사라지고, 생태계 전체가 무너질 수 있다는 심각한 경고였다.

그즈음 수목원에서 들은 숲 해설사의 이야기가 떠올랐다. 앞으로 각 나라는 종자 확보를 위해 보이지 않는 전쟁을 벌일 것이라고 했다. 종자는 식품, 화장품, 의약품 등 다양한 산업에 사용되며, 우수 종자 하나가 수많은 생명과 산업의 미래를 좌우하기 때문이다. 그래서 세계 각국은 종자은행을 설립하고 종자 하나에 수억 원의 로열티가 붙는 시대를 준비하고 있다고 했다. 기후 위기와 전쟁, 재난 속에서 한 알의 씨앗이 곧 생존이고, 희망이며, 나라의 경쟁력이라는 말에 마음이 무거워졌다. '농부는 굶어 죽어도 종자 꾸러미를 베고 죽는다.'라는 속담이 떠올랐다. 씨앗은 곧 미래의 풍요이고, 생명이며, 희망이기 때문이다.

"하나님이 이르시되 내가 온 지면의 씨 맺는 모든 채소와
씨 가진 열매 맺는 모든 나무를 너희에게 주노니
너희의 먹을거리가 되리라"
- 창세기 1장 29절

그날 이후 나는 생명에 대해 다시 생각하게 되었다. 그동안 당연하게 누려온 햇빛, 공기, 물…. 그 모든 것은 태초에 하나님께서 아무 조건 없이 주신 은혜의 선물이었음을 새삼 깨달았다. 작은 씨앗 하나, 벌 한 마리가 각자의 사명감을 가지고 유기적으로 연결되어 있다는 사실은 너무나 경이롭고 아름다웠다. 그리고 그 중심에는 하나님의 형상대로 지음을 받은 인간이 있었다. 최고의 걸작품인 인간은 재능과 은사, 직업과 삶을 통해 공동체의 유익과 하나님의 영광을 위해 디자인된 존재였다. 하나님은 우리에게 그분의 동역자로서 귀한 사명을 맡기셨다.

그 후 자연을 더 깊이 바라보게 되었다. 식물과 동물의 순환, 비와 눈의 순환, 강과 바다로 흘러 수증기가 되어 다시 땅으로 내리는 물의 순환, 우주의 움직임, 계절의 흐름, 우리 몸의 혈액 순환까지…. 모든 것이 '순환'이라는 섭리 안에서 살고 있었다. 부자의 손이 가난한 자에게 흘러가는 것도, 사랑이 돌고 도는 것도 모두 순환이었다. 순환이 멈추면 곧 병이 시작된다. 피가 돌지 않으면 몸이 병들 듯, 자연의 섭리가 막히면 세상 전체가 병들게 된다.

또한 하나님의 창조 세계는 놀라운 다양성과 통일성을 함께 지니고 있었다. 같은 나무인데도 가지와 줄기의 방향이 서로 다르고, 같은 꽃이지만 색깔과 향기가 조금씩 다른 것처럼, 사람도 저마다 다름이 있었고, 그 차이가 하나의 큰 오케스트라처럼 조화롭게 어우러질 때 비로소 '아름다움'이 완성된다는 진리를 알게 되었다.

> "하나님께서 지으신 모든 것이 선하매
> 감사함으로 받으면 버릴 것이 없나니"
> - 디모데전서 4장 4절

'노아의 숲'을 운영하는 언니와 형부는 숲을 이렇게 표현한다.

"모든 생명의 근원은 하나이며, 사람은 숲의 일부야. 숲은 내 울분과 번뇌, 슬픔을 잊게 해 주는 생명이 깃든 집이지. 숲은 하나님이 키우는 곳이야. 사람은 잠시 머무는 세입자일 뿐이야. 나무는 살아 있을 때도 죽은 뒤에도 버릴 것이 없잖아. 사람도 나무처럼 쓰임 받으면 좋겠지."

그 말을 들으며 나는 마음 깊이 고개를 끄덕였다. 우리는 하나님의 창조 세계를 빌려 쓰는 세입자이며, 그분의 소유를 맡은 청지기이다. 청지기는 주인의 뜻대로 그분의 것을 잘 관리하고, 다음 세대에게 불편함 없이 물려주어야 할 책임이 있다. 그러나 인간의 죄로 인해 우리는 주인의 뜻을 저버리고 그 소유를 남용하기 시작했다. 그 결과는 지금 우리가 처한 환경 문제들 속에서 선명하게 나타나고 있다. 자연의 질서가 무너지며 피조물들과 함께 우리가 만든 도시와 문화도 병들어가고 있다. 순환이 막힌 곳에서 병이 시작되는 것은 피할 수 없는 이치다.

나는 설교를 통해 받은 그 깨달음을 꿀벌과 씨앗을 통해 다시금 배웠다. 구원은 오직 예수님 안에 있지만, 그 예수님은 이 땅과 하늘, 모든 피조물의 회복도 함께 이루시는 분이시다. 구원은 길이신 예수님을 믿는 것에서 끝나는 것이 아니라 창조 세계를 회복하며 함께 살아가는 청지기의 삶으로 연결되어야 한다.

기도할 때마다 성령께서 환경을 위한 기도로 나를 이끌기 시작하셨다. 피부로 느낄 정도로 심각해지는 환경을 보면서도, 구체적으로 무엇을 실천해야 할지 몰라서 갈 길을 잃은 우리의 모습을 되돌아보게 된다. 환경 문제는 결코 환경 단체만의 과제가 아니다. 교회도 반쪽짜리 구원이 아닌 온전한 구원을 말해야 할 때다. 창조 질서, 세입자의 사명, 청지기의 삶에 대해 성경적이고 실제적인 메시지가 선포되어야 한다.

그 이후 나는 복음을 전할 때 창조 세계의 질서를 함께 이야기하게 되었다. 하나님께서 태어나면서부터 풍성하게 누릴 수 있도록 모든 것을 값없이 주셨고, 마침내는 우리 영혼까지 풍성하게 하려고 당신의 독생자 아들 예수님까지 보내신 분이라는 그 사랑을 더 깊이 전하게 되었다. 그렇게 복음은 단지 죽은 후에 가는 천국을 넘어서 이 땅에서 창조 질서를 회복하고 생명을 소중히 여기며 살아가도록 부르시는 하나님의 초대였다.

하나님을 믿는 것이 삶을 제한하는 일인가?

나는 하나님을 믿기 전엔 하나님을 믿는 것이 내 자유를 억누르고 손해 보는 일처럼 느껴졌다. 예배도, 헌금도 믿음 없는 눈으로 보면 의무감이나 부담으로 다가오기에 십상이었다. 나 역시 처음엔 그랬다. 물질, 자식, 내 손에 쥔 모든 것이 내 것이라 여겼다. 하지만 예배를 통해 모든 만물이 하나님의 소유임을 깨닫고 그 하나님께서 나를 '성도'라 부르신다는 사실에 가슴이 뭉클해졌다. 나는 이제 세상과 구별되어 온전히 하나님께 속한 자, 하나님의 상속자라는 영광스러운 신분을 입은 사람이 되었다.

하나님의 사랑을 입은 자, 하나님의 기업, 약속의 자녀, 빛의 자녀, 택하신 족속, 거룩한 제사장, 천국의 시민…. 세상에서는 결코 얻을 수 없는 신분과 가치였다. 나는 세상에 속해 있지만, 세상에 속하지 않은 자로서 하나님께 부름을 받고 다시 세상으로 보내진 하나님의 대사가 되었다. 그리고 이 대사의 삶이 하나님 나라의 소망을 붙들고 오늘을 견디고 이겨낼 힘이 되었다.

예배의 자리는 나에게 있어 은혜의 자리이다. 기도의 응답을 경험하고, 하나님의 임재를 느끼며 예배가 단순한 의무가 아닌 내가 가장 자유롭고 기쁨을 누리는 시간이 되었다. 나에게 평생을 선물로 주시고, 시간을 창조하신 하나님. 그분이 허락하신 시간표 속에 내가 잠시 머물고 있음에 감사하며 주일 하루 1~2시간을 내어 하나님께 드리는 이 시간은 내 삶이 하나님께 드리는 고백이자 찬양이었다.

주일예배 시간, 어린 자녀를 품에 안고 교회에 오는 젊은 부부들, 피곤한 몸을 이끌고 예배 자리를 지키는 청년들을 보면 그들의 마음 속에는 하늘의 푯대를 향한 감사와 믿음이 자리 잡고 있다는 것이 느껴진다. 예전의 나는 세상의 푯대를 향해 달리느라 이 시간을 놓쳤다. 그런데도 하나님은 나를 기다려 주셨다. 그 기다림이 얼마나 깊고 크신 사랑이었는지 예배 때마다 깨닫는다.

남편과 함께 예배당 뒤편에 앉아 백발이 성성한 어르신들이 불편한 몸을 이끌고 예배 자리를 지키는 모습을 보면 울컥할 때가 있다. 직업적인 이유로 주일예배에 오랫동안 참석하지 못했던 간호사의 통곡 간증은 예전엔 이해하지 못했지만, 지금은 너무도 공감된다. 예배는 단순한 행위가 아닌, 하나님과 깊은 만남이기 때문이다.

"교회에 자주 오고 싶지만 혼자서는 올 수 없어. 자식들이 데려다 줘야 해." 90세가 넘은 권사님의 이 한마디에서 교회를 사모하는 마음, 예배드리는 기쁨이 얼마나 귀한 것인지 깨달았다. 그리고 한 장애인 부부는 매일 기도한다. "하나님, 저희도 쓰임 받을 수 있게 해 주세요." 그 간절한 고백이 나를 울컥하게 했다.

예배뿐만 아니다. 우리는 걸을 때, 식사할 때, 일할 때, 쉴 때도 하나님을 중심에 두고 살아가야 한다. 그것이 바로 '산 예배'이다. 내 삶의 태도를 통해 하나님의 영광이 드러난다면 믿지 않는 이들도 하나님의 얼굴을 향해 시선을 돌리게 되지 않을까?

"하나님은 영이시니 예배하는 자가 영과 진리로 예배할지니라"
- 요한복음 4장 24절

헌금도 마찬가지다. 처음에는 단지 교회의 요구처럼 느껴졌던 헌금이 알고 보니 하나님 앞에 드리는 감사의 표현이었다. 성도들의 작은 손길, 땀방울 같은 수고가 모여 선교지로, 구제 사역으로, 미자립 교회와 긴급구호 현장으로 흘러가고 있다는 것을 알게 되었다. 폐지를 주워 30kg에 1,500원을 받고도 "이 돈으로도 한 영혼을 구할 수 있다면 기쁩니다."라고 고백하는 어느 어르신의 고백에 나는 눈물을 참지 못했다.

나는 말할 수 없이 많은 은혜를 입고 살아왔다. 물질도, 건강도, 자녀도 하나님이 주신 선물이다. 그 은혜에 비하면 내가 드리는 것은 언제나 작고 부족하다. 그럼에도 하나님은 그것조차 귀하게 받으시고 다시 복으로 채워주신다.

신앙 초기에 나는 서 권사님께 물었다. “헌금은 얼마나 드려야 하나요?” 그분은 부드럽게 답해 주셨다. “하나님을 알아가며 믿음이 세워지는 게 먼저에요. 헌금은 형편에 맞게, 마음에 감사가 생길 때 조금씩 해도 하나님은 기쁘게 받으세요.” 그 따뜻한 말은 내 마음을 편안하게 해주었다. 그러나 함께 등록했던 새 성도는 헌금에 대한 다른 봉사자의 설명을 듣고 거부감을 느껴 교회를 떠났다.

내가 전도한 어르신을 모시고 교회에 등록할 때도 나는 교회 중직자에게 부탁했다. “당분간 헌금 이야기는 하지 말아 주세요.” 어르신도 정말 그래도 되냐고 물으셨다. 그 모습에 마음이 짠했다. 하나님은 강요가 아니라 깨달음을 통해 인도하시는 분이시다.

> “네 보물이 있는 그곳에는 네 마음도 있느니라”
> - 마태복음 6장 21절

내가 교회에 등록할 당시, 우리 교회는 언더우드 기념관 건축을 막 시작했을 때였다. 많은 성도가 기쁨으로 건축 헌금을 드리고 있었다. 서 권사님의 말씀이 가슴에 남아 있다. “예배당을 짓는 일에 평생 한 번 참여할 수 있다는 것도 축복이에요. 하나님이 돈이 없어서가 아니라 우리에게 복의 기회를 주시는 거예요. 하나님은 채워주세요.” 그 말에 나는 결심했다. ‘딸이 더 아팠다면 병원비가 많이 들었을 텐데 하나님이 고쳐 주셨으니, 말로만 감사하지 말고, 행동으로 드려야겠다.' 그래서 내가 아르바이트로 모은 돈을 헌금했다. 아직 교회에 나오지 않던 남편의 수입에서가 아니라 내가 직접 모은 돈이기에 더 자유롭고 기쁘게 드릴 수 있었다. 지금도 언더우드 기념관에서 예배드릴 때면 그 자리에 내 가족의 이름이 함께 있다는 것이 감사하다.

신앙 초기에는 공동체 안으로 들어가는 것이 부담스러워 혼자 예배만 드리고 조용히 다니려 했었다. 그러나 시간이 흐르면서 공동체의 소중함을 깨달았다. 공동체는 함께 기도하고, 함께 울고 웃으며, 신앙을 지켜가는 생명체다. 가정이 고난 중에 있을 때 서 권사님이 눈물로 기도해 주고 음식을 챙겨주시던 그 손길은 내 삶에 큰 위로가 되었다.

엄마의 구원을 위해 함께 기도해 준 공동체, 장례식장에서 엄마를 위해 예배해 준 교회 식구들을 보며 '예수님의 피로 맺어진 공동체'의 진짜 의미를 깨달았다. 만약 혼자만 교회에 다니고 있었다면 그 고난 앞에서 쉽게 넘어지고 말았을 것이다.

> "즐거워하는 자들과 함께 즐거워하고 우는 자들과 함께 울라"
> - 로마서 12장 15절

그리고 기도는 나의 연약함을 가장 낮은 자세로 고백하는 하나님과 깊은 대화이자 호흡이다. 기도 속에서 하나님의 침묵을 견디는 인내를 배우고, 기다림 속에서 더 가까이 다가오시는 하나님을 경험한다. 딸이 아팠을 때, 전도 대상자를 품고 울며 기도했을 때 나는 믿음이 자라고 있다는 걸 느꼈다. 하나님은 늘 거기 계셨고 그 순간에도 내가 너와 함께 있었다고 말씀하셨다.

매일 사람에게 부탁하면 외면당하지만, 하나님은 날마다 나의 기도를 들으시고 마음을 어루만지신다. 그래서 기도는 생명의 호흡이다. 숨이 멈추면 죽은 몸이 되듯 기도가 멈추면 신앙은 생명을 잃는다. 자녀를 위한 부모의 기도는 결코 땅에 떨어지지 않는다. 기도는 역사를 바꾸고, 영혼을 살리는 하나님의 능력이다.

"…기도 외에 다른 것으로는 이런 종류가 나갈 수 없느니라…"
- 마가복음 9장 29절

신앙생활을 하는 것이 구속일까? 처음엔 그랬다. 헌금, 예배, 행동의 제약이 나를 묶는 것처럼 느껴졌다. 하지만 믿음이 자라면서 그것들이 오히려 나를 자유롭게 하고, 참된 사람으로 살아가도록 이끄는 하나님의 은혜라는 걸 알게 되었다. 신앙은 구속(拘束)이 아니라 구속(救贖)에 대한 나의 태도이다. 그 자유가 내 삶의 방향이 되었고 복된 길이 되었다.

복음은 생명이다

훈련반 첫 수업 시간에 이런 질문을 주셨다. "하나님 앞에 섰을 때, 하나님이 '내가 너를 내 천국에 보내야 할 이유가 있느냐?'라고 물으신다면 뭐라고 대답하겠습니까?" 갑작스럽고도 두려운 질문이었다. 나는 그 질문 앞에서 한동안 말을 잇지 못했다.

죽음은 부자에게도, 가난한 자에게도, 노인에게도, 젊은이에게도 예외 없이 찾아오는 삶의 끝자락이다. 하나님의 심판대 앞에 선 그날의 내 모습을 상상했다. 하나님이 나의 죄를 물으신다면 과연 무슨 말을 할 수 있을까? 선행으로 답하려 해도 내 안에는 선한 것이 아무것도 없음을 잘 안다. 하나님은 물으실 것이다. '너는 죄로 인해 죽을 수밖에 없는 존재였지만 내가 내 아들을 대신 죽게 하여 구원의 길을 열어두었는데 너는 그 예수를 믿었느냐?' 이것이 심판의 기준이 될 것이다. 예수를 믿는 자는 생명책에 그 이름이 기록되고, 믿지 않는 자는 이미 진노 아래 있다는 말씀처럼 믿음은 곧 생명과 영벌을 가르는 갈림길이다.

한 방송에서 젊은 선교사의 간증을 들은 적이 있다. 하나님의 부르심에 순종해 선교지에 들어간 지 얼마 되지 않아 그는 큰 교통사고를 당했다. 20여 일간 혼수상태에 빠졌고 그때 예수님을 만났다고 했다. 밝은 빛 가운데 계신 예수님 앞에서 그의 삶이 파노라마처럼 지나가면서 모든 죄가 선명하게 드러났다고 한다. 그럼에도 예수님은 정죄하지 않으셨다. 하지만 그는 깨달았다. 자신의 신앙은 교회 안에서 인정받기 위한 모습이었으며 진심으로 예수님을 찾은 순간은 고난의 짧은 한때뿐이었다는 것을…. 그는 결단했다. '복음만이 생명의 길임을 알았으니 이제 그 복음을 전하며 살아가리라.'

"그를 믿는 자는 심판을 받지 아니하는 것이요
믿지 아니하는 자는 하나님의 독생자의 이름을 믿지 아니하므로
벌써 심판을 받은 것이니라"
- 요한복음 3장 18절

"아들을 믿는 자에게는 영생이 있고
아들에게 순종하지 않는 자는 영생을 보지 못하고
하나님의 진노가 그 위에 머물러 있느니라"
- 요한복음 3장 36절

예수님을 '믿느냐?, 믿지 않느냐?' 그 질문이 모든 것의 기준이다. 그래서 나는 지금도 믿지 않는 가족을 위해 눈물로 기도한다. 하나님은 거룩하시고 공의로운 분이시다. 죄를 미워하시는 분이시다. 그러

나 동시에, 그 죄를 용서하시기 원하시는 가장 큰 사랑의 하나님이시다. 복음, 곧 '복된 소식'이란, 죄인인 나를 위해 예수님이 죽으시고 다시 살아나셔서 구원의 길을 열어주신 생명의 소식이다. 그것은 오직 예수 그리스도를 통해서만 얻을 수 있는 은혜이며, 하나님이 나에게 주신 유일한 생명의 선물이다.

"하나님이 세상을 이처럼 사랑하사 독생자를 주셨으니
이는 그를 믿는 자마다 멸망하지 않고
영생을 얻게 하려 하심이라"
- 요한복음 3장 16절

"…내 말을 듣고 또 나 보내신 이를 믿는 자는 영생을 얻었고
심판에 이르지 아니하나니 사망에서 생명으로 옮겼느니라"
- 요한복음 5장 24절

영생은 단지 죽은 후 천국에 가는 것이 아니다. 예수님을 믿는 그 순간부터 생명이신 예수님이 내 안에 오셨기에 이미 나는 영원한 생명을 얻은 존재다. 무한하신 창조주 하나님이 유한한 나와 동행하신다는 것, 나를 선하고 아름다운 길로 이끄시며 한없는 은혜를 베푸신다는 것이 얼마나 큰 감사인가!

구원은 하나님의 선물이다. 그 선물은 단지 내 안에 머무는 것이 아

니라 흘려보내야 한다. 그 풍성한 은혜를 다른 이에게 나누기 위해 하나님은 전도의 사명을 주셨다. 백화점에서 세일하거나 사은품을 준다는 소식에 사람들은 전날부터 줄을 선다. 그것은 '공짜'가 아니어도 받으면 기분이 좋아진다.

그런데 하나님께서 이미 대가를 치르시고 '받기만 하면 된다.'라고 외치시는 구원의 선물에는 왜 줄을 서는 사람이 없을까? 그래서 천국은 침노하는 자가 들어간다고 말씀하셨나 보다. 보화를 발견한 자만이, 진정한 값을 아는 자만이 그 문을 지나간다. 노아의 방주가 닫히기 전까지 사람들은 아무 일 없다는 듯 먹고 마시고 즐겼지만, 그 문이 닫힌 후에는 아무리 똑똑한 자도, 아무리 부유한 자도 다시 열 수 없었다. 거저 주신 생명의 문을 가볍게 여긴 결과는 문밖에서 슬피 우는 것이다.

신앙은 자유의지다. 복음은 믿는 자에겐 영원한 생명이고, 거절하는 자에겐 영원한 심판이다. 예배 시간이 되어 성도들이 자리에 앉을 때 문이 닫히는 순간 나는 생각한다. '이 문처럼, 구원의 문도 언젠가는 닫히겠구나. 그 전에 사랑하는 이들을 이 방주 안으로 이끌 수 있기를 간절히 기도해야겠다.'

"집 주인이 일어나 문을 한 번 닫은 후에
너희가 밖에 서서 문을 두드리며 주여 열어 주소서 하면
그가 대답하여 이르되 나는 너희가 어디에서 온 자인지

알지 못하노라 하리니"

- 누가복음 13장 25절

"…열면 닫을 사람이 없고 닫으면 열 사람이 없는 그가 이르시되

…내가 네 앞에 열린 문을 두었으되

능히 닫을 사람이 없으리라…"

- 요한계시록 3장 7, 8절

복음을 전하는 자에게 주어지는 상은 이 세상에서 받는 상과는 다르다. 복음을 전하는 발을 '아름답다.' 하시고, 열매 맺는 자에게는 영광의 관을 약속하셨다.

나는 이런 생각을 했었다. '하나님은 왜 천사를 통해 복음을 전하지 않으실까? 우리는 너무 느리고 부족한데….' 그러나 알게 되었다. 천사는 복음을 전하는 명령을 받지 않았다. 하나님은 오직 우리에게만 이 전도의 특권을 주셨다. 우리를 통해, 우리와 함께 일하시며, 생명의 열매를 맺기를 기뻐하신다. 그리고 그 길이 험난하기에 하늘의 상을 약속하신 것이다.

"…이 세상이 자기 지혜로 하나님을 알지 못하므로

하나님께서 전도의 미련한 것으로 믿는 자들을 구원하시기를

기뻐하셨도다"

- 고린도전서 1장 21절

한 성도님이 들려준 이야기다. 병원에서 임종을 앞둔 아버지에게 복음을 전해야 했던 그 분은 고민 끝에 찬송을 부르고, 조심스럽게 복음을 전했다. 그 순간 아버지의 입술이 열려 "아멘"과 같은 대답을 하셨다고 한다. 너무 놀라 세 번을 더 전했고 세 번 모두 같은 대답을 듣고 천국에 가셨다고 한다.

시각장애인 한 할머니의 이야기도 있다. 십자가의 은혜를 경험한 후 사람들에게 요한복음 3장 16절을 읽게 하고 복음을 아는 자는 성도라 부르시고, 모르는 자는 그 자리에서 복음을 듣게 하셨다. 그 작은 열정이 놀라운 영혼 구원의 열매를 맺었다.

또 어떤 어르신은 거동이 불편해 밖으로 나갈 수 없게 되자, 성경을 읽어줄 사람을 고용해 전도의 사명을 이어갔다. 그분을 통해 구원받은 영혼이 적지 않았다. 복음은 미련하게 들릴 수 있다. 그러나 복음을 전하는 자들의 입술을 통해 하나님의 능력이 드러난다. 때를 얻든지 못 얻든지 우리가 입을 열어 복음을 전할 때 하나님은 그 순간을 사용하신다.

2023년 우리 교회 블레싱 축제 때의 일이다. 나는 '복음 부스'를 섬기기로 했는데, 마침 같은 기간에 남편과 10일간 해외여행을 예약해 두었다. 가정이 평안과 안정을 찾은 후 남편이 정성껏 준비해 준 여행이라 고마움이 컸지만, 내 마음은 여전히 '복음 부스'에 있었다. 며칠을 고민하다가 결국 하나님께 결단의 기도를 드렸다. "주님, 여행을 취소하게 하시고 '복음 부스'에 전념하게 해주소서."

일주일쯤 지나자 놀라운 일이 일어났다. 여행 예약자 16명 가운데 14명이 취소했다는 문자가 온 것이다. 결국 여행은 무산되었고, 나는 전적으로 '복음부스'에 집중할 수 있었다. 그날 세 사람이 주님을 만나는 은혜가 있었다.

여행 대신 얻은 그 감격은 이루 말할 수 없었다. 나는 그 순간 다시 깨달았다. 복음을 위한 선택은 언제나 가장 값지고 영원한 기쁨을 남긴다는 사실을.

"…모든 대적이 능히 대항하거나 변박할 수 없는
구변과 지혜를 너희에게 주리라"
- 누가복음 21장 15절

"…목자장이 나타나실 때에
시들지 아니하는 영광의 관을 얻으리라"
- 베드로전서 5장 4절

"보라 내가 속히 오리니 내가 줄 상이 내게 있어
각 사람에게 그가 행한 대로 갚아 주리라"
- 요한계시록 22장 12절

"…주는 그리스도시오 살아계신 하나님의 아들이시니이다"

- 마태복음 16장 16절

베드로의 이 고백처럼 나도 고백한다.

예수님은 그리스도이시며 살아계신 하나님의 아들이시다.

이 진리를 알고, 이 복음을 들은 나는 말하지 않을 수 없다.

나는 전하지 않을 수 없다. 복음은 생명이기 때문이다.

글을 마치며

마지막 유산

이 책을 쓰는 동안 마음속 부담감으로 몇 번이나 멈추고 싶었던 순간이 있었다. '하나님, 왜 어린애와도 같은 저를 택하셨습니까?' 그렇게 되묻고 또 되물었다. 그러던 어느 날, 파란 하늘에 살찐 양떼구름이 빼곡히 떠 있는 환상을 보았다. 그 순간 하나님께서 말씀하셨다. '너를 통해 내 백성을 구원할 것이며, 나의 영광이 네 속에 나타날 것이다.' 그 말씀이 나를 다시 일으켜 세웠다.

'이 책을 통해 누군가 구원을 받을 수 있다면, 전도에 조금이나마 도움이 된다면….' 그 마음 하나로 부족한 글을 다시 이어갔다. 글솜씨가 모자라 하나님과 동행한 모든 이야기를 다 담아내지 못한 것이 안타까울 뿐이다.

"내게 이르시되 너는 나의 종이요,
내 영광을 네 속에 나타낼 이스라엘이라…"
- 이사야 49장 3절

어느 외국 목사님의 말씀이 떠오른다. "지금, 이 순간에도 수십

억의 사람이 그리스도를 알지 못한 채 지옥을 향해 가고 있다. 그런데 어떻게 복음을 전하지 않을 수 있는가?" 내 주변 사람은 나에게 말한다. "너무 깊이 믿지 마. 그냥 적당히 믿어." 그 말은 내가 예전에 '예수쟁이'에게 했던 말이다. 하지만 이제는 알게 되었다. 예수님이 이 땅에 오시고, 교회를 세우시고, 전도의 사명을 맡기신 이유를….

만약 예수님께서 나에게 주신 '천국 열쇠'를 사용하지 않는다면 나와 인연을 맺은 사람들이 영원한 생명의 문을 알지 못한 채 죽음의 문으로 들어가는 것을 방관하는 셈이다. 맛집이나 여행지를 발견하면 주변 사람에게 기쁜 마음으로 먼저 알린다. 그런데 인류 역사상 가장 복된 소식인 예수 그리스도를 전할 때는 항상 두렵고 떨린 마음에 머뭇거리게 된다. 거부와 오해를 마주하면 과거의 나를 보는 것 같아 마음이 아프다.

이 세상이 전부라고 믿는 이들을 보며 그들에게 하나님의 나라를 볼 수 있는 영의 눈을 열어 달라고 주체할 수 없는 눈물로 기도한다. 노방전도를 할 때 복음을 듣고 예수님을 영접할 때마다 기쁜 마음이 든다. 하지만 동시에 아직 복음을 듣지 못한 가족, 친구들이 떠올라 마음이 무겁다. 그런 내게 하나님은 말씀하신다. '자녀들의 신앙 고백과 믿음은 유산이 된다. 복음의 빛이 반드시 그들에게 비추어져 나에게 돌아올 것이다.'

친구의 어머니가 돌아가셨을 때, 화려한 조화와 사회적 명성을 보며 사람들은 '호상'이라 했지만, 정작 복음을 받지 못하고 가셨다는 사실 앞에 나는 깊은 애통함을 느꼈다.

반면, 내가 복음을 전해 영접한 한 어르신은 몇 개월 뒤 교통사고로 갑작스럽게 세상을 떠났다. 조문하러 갔을 때 유가족들은 눈물 속에서도 "그때 복음을 듣고 주님을 품고 사셨다."라며 감사의 인사를 전했다. 이렇게 두 장례식을 보면서 죽음은 모든 인간이 피할 수 없는 장벽이라는 것 그리고 비극적인 인생과 복된 인생의 차이를 뼛속 깊이 실감했다.

딸이 죽음의 문턱에 있을 때 말로 다할 수 없는 두려움을 겪었다. 친정어머니가 빨리 죽고 싶다고 하시다가도 죽음이 무섭다고 하실 때는 내 인생의 본질 앞에서 무력해졌다. 그때 알았다. 죽음의 문을 열고 부활의 소망을 선포하신 분은 오직 예수님뿐이라는 것을.

"…내가 곧 길이요 진리요 생명이니…"

- 요한복음 14장 6절

지금도 사랑하는 가족의 구원을 위해 오랫동안 눈물로 기도하는 이들이 있다. 부모님, 자녀, 친구, 형제들…. 나는 그 복음의 씨앗을 그들에게 흘려보내며 예수님을 마지막까지 전하고 싶다. 사랑하는 사람을 잃을 때, 세상의 소망이 사라질 때, 모두가 나를 떠나갈 때 길을 잃은 나를 찾아오신 분은 언제나 예수님이셨다.

지금도 그분은 문밖에 서서 조용히 두드리며 기다리고 계신다. 그 음성을 듣고 마음의 문을 열면 예수님은 내 삶의 주인으로, 영원한 친구로 함께 하신다. 그 사랑의 깊이와 넓이, 높이는 결코 측량할 수 없다. 나를 살리신 십자가, 그 사랑이 내 힘이며, 내 자손에게 물려줄 수 있는 가장 위대한 유산임을 고백한다.

이 부족한 자의 삶과 이 책을 마지막까지 붙들어 주신 하나님께 모든 감사와 영광을 올려드린다.

그리고 기대한다. 앞으로 하나님께서 하실 일들을.

"…이루었도다! 나는 알파와 오메가요 처음과 마지막이라
내가 생명수 샘물을 목마른 자에게 값없이 주리니"
- 요한계시록 21장 6절

하나님은 오늘도 우리에게 물으신다.

'내가 왜 너를 내 천국에 들여보내야 하느냐?'

그리고 이어 말씀하신다.

"사랑하는 딸(아들)아,

내가 너에게 이 영생의 선물을 주고 싶은데, 받겠느냐?"

〈영접 기도〉

하나님 아버지,

지금까지 저는 저 자신을 믿고 살아온 죄인입니다.

저의 죄를 회개하오니 용서해 주옵소서.

예수님이 하나님의 아들이시며,

저의 죄를 위해 십자가에 죽으시고 부활하셨음을 믿습니다.

이제 제 마음의 문을 엽니다.

예수님, 제 삶의 주인이 되어 주시고, 저를 인도해 주옵소서.

예수님의 이름으로 기도드립니다. 아멘.

"네가 만일 네 입으로 예수를 주라 시인하며

또 하나님께서 그를 죽은 자 가운데서 살리신 것을

네 마음에 믿으면 구원을 받으리라"

- 로마서 10장 9절

하나님께 고백하는 편지

아버지,
깊은 땅속에서 내가 누구인지도 모른 채 살아가던 저를
'너는 내 것이라.' 부르시며 땅 위로 꺼내 주시고,
내 몸에 묻은 모든 죄의 흙을 씻어주시고,
메마른 내 삶에 생기를 불어넣어 주셔서 감사합니다.
하나님의 손과 발이 되어 쓰임 받을 수 있도록 하시고,
우리 가정 위에 넘치는 은혜를 부어 주셔서 감사합니다.
그 은혜를 감히 다 표현할 수 없어 그저 감사할 뿐입니다.

특별히 친정어머니를 천국으로 인도해 주셔서 감사합니다.
90년을 홀로 세상과 싸우며 버텨낸 그 생애가
이제 눈물의 기도를 통해 이해되고,
더 깊이 사랑하게 되었습니다.
귀한 부모님을 만나게 하신 주님께 감사드립니다.

전능하신 하나님,
딸의 가정에 복을 주시고 손녀를 선물로 주셔서 감사합니다.

자녀들의 삶에도 복음이 깊이 새겨져
하나님의 사랑 안에서 구원의 기쁨을 누리며
믿음의 유산을 흘려보내는 가정이 되기를 간절히 바랍니다.
저 또한 연수가 차서 신발을 벗고 아버지 앞에 설 그날,
아무 공로 없는 저를 기억하시고
'잘 왔다, 내 사랑하는 딸아' 말씀해 주실 그 아버지를 품고
오늘도 이 땅에서 심지가 견고한 자로 살아가기를 소망합니다.
모든 성도가 예수님의 증인이 되어
복음을 기다리는 이들에게 하늘의 복을 전하고
예수님의 성품이 우리의 인격이 되기를 원합니다.

이 책을 통해 하나님을 모르는 분들에게
복음의 빛이 비추어져 살아계신 하나님을 만나
풍성한 생명을 누리는 하나님의 도구가 되기를
간절히 소망합니다.
그리고 이 모든 고백의 출발점이
내가 하나님을 만났다는 사실임을 마지막으로 고백합니다.
감사합니다. 하나님.

"하나님께 가까이함이 내게 복이라…"
- 시편 73장 28절

• 부록 •

창작동화 「숲지기와 어린나무」

진연희 지음

어린싹은 어둡고 메마른 땅속에서 오랫동안 씨앗으로 있었어요. 어느 날, 이 씨앗은 땅위에 작은 싹으로 힘겹게 꿈틀대며 올라온 거예요.

땅 위에서 따스한 햇볕과 부드러운 바람과 물을 처음 느낀 어린싹은 숲을 지키는 숲지기의 손길을 느끼며 숲속의 나라가 좋아지기 시작했어요.

숲지기는 어린싹을 사랑으로 돌봐 주었고 어린싹은 조금씩 자라났어요. 그러던 어느 날, 검은 새가 날아와 어린싹을 물고 돌밭에 떨어뜨렸어요.

뿌리채 뽑힌 어린싹은 점점 말라가고 잎도 떨어졌어요. 발짓만 겨우 하며 숲지기가 오기만을 기다리던 어린싹은 지쳐 깊은 잠이 들었어요. 그리고 슬픈 꿈을 꾸었어요.

어린싹이 살았던 어두운 땅속에는 아직도 씨앗 친구들이 그대로 있어서 어린 싹은 마음이 아파 엉엉 울었어요. 힘들고 사랑도 소망도 없는 땅속 세상이 전부인 줄 아는 친구들이 불쌍했던 거예요.

'혹시 나도 친구들처럼 다시 땅속에 있는 걸까?'

어린싹은 두려움에 조심히 눈을 떴어요. 그런데 여기는 땅속도 돌밭도 아니었어요. 그때 나무들 사이로 누군가 다가왔어요.

"난 숲지기야. 많이 아팠지. 이제 괜찮아. 괜찮아."

처음으로 숲지기의 얼굴을 보게 된 어린싹은 자신을 바라보는 그의 빛나는 얼굴과 맑은 눈 그리고 숲지기의 눈가의 눈물 자국을 보았어요. 숲지기가 돌밭에 떨어진 어린싹을 자신의 뜰 안으로 데려와 정성껏 돌보고 상처를 치료했던 거예요.

숲지기의 사랑으로 어린싹은 뿌리를 잘 내려 마침내 씩씩한 어린나무로 자라났어요. 숲지기와 형제 나무들은 어린나무가 잘 자라도록 서로 사랑으로 보살펴 주었어요. 아픈 나무가 있으면 치료해 주고, 열매를 맺는 나무에는 칭찬하며 기뻐했어요.

어린나무는 자신도 잘 자라서 많은 열매를 맺어 그를 기쁘게 하는 것이 은혜를 갚는 것이라고 생각했어요. 그래서 숲지기와 형제나무들이 자신에게 준 사랑을 따라 하기로 했어요.

어린나무는 아직도 어둡고 메마른 땅속에 있는 아픈 가족과 친구 씨앗들을 생각하며 매일 간절히 기도하면서 눈물을 흘렸어요. 그러자 놀라운 일이 일어났어요. 눈물이 땅속으로 스며들어 씨앗의 몸에 닿자, 씨앗들이 꿈틀대며 조금씩 땅 위로 싹이 올라오기 시작한 거예요.

어린나무는 어린싹이 잘 자랄 수 있도록 햇빛이 필요할 때는 자신의 가지를 잘라내고, 검은 새가 와서 먹으려 하면 온몸으로 막아주고, 물이 필요하면 눈물을 보내 주었어요.

형제 나무들도 모두 하나가 되었어요. 그날 숲속의 나무들은 너무 기뻐서 숲지기와 함께 합창했어요. (노래)

숲지기의 숲에서 사는 것이 행복이고 기쁨이라는 사실을 믿는 형제 나무들과 어린나무는 땅속의 아픈 씨앗들이 땅 위로 올라오도록 힘을 합하여 기도의 눈물을 땅속으로 계속 뿌렸어요.

(영차 영차!)

마른 땅을 뚫고 어린싹이 올라올 때마다 어린나무의 마음에도 뜨거운 사랑이 점점 자라면서 열매를 맺기 시작했어요. 그리고 어린 나무도 아픈 씨앗으로 있을 때 형제 나무들이 자신을 위해 기도의 눈물을 보낸 것을 깨닫고 고마워했어요.

아직도 땅속에는 아픈 씨앗들이 많이 있어요. 그래서 숲속의 나무들은 모든 씨앗이 땅 위로 올라와 숲속 나라에서 영원히 함께 살기를 소망하고 있어요.

이 숲속 나라를 한 번 보세요. 얼마나 울창하고 아름다운가요? 작은 눈물 하나가 큰 나무가 되어 많은 열매를 맺으면서 아름다운 숲을 만들고 있네요.

우리도 어린나무처럼 사랑하는 가족을 위해 기도하면서 숲의 나라를 전해 볼까요?

'…나는 푸른 잣나무 같으니
네가 나로 말미암아 열매를 얻으리라…'
- 호세아 14장 8절

「숲지기와 어린나무」
동영상 링크

"
내가 네게 허락한 것을 다 이루기까지
너를 떠나지 아니하리라
"

창세기 28장 15절